FFARWÉL I'R SBECTOL

JOHN
ROBERTS
WILLIAMS

Argraffiad Cyntaf — Gorffennaf 2005

ISBN 0 86074 217 2

Cyhoeddwyd ac Argraffwyd
gan Wasg Gwynedd, Caernarfon

Cyflwyniad

Dwi'n cofio'r alwad ffôn yn gynnar yn y bore bach. Galwad oedd hi i ddweud fod John Roberts Williams wedi marw. A dyna ichi beth oedd diwedd cyfnod. Os Elvis oedd Brenin Roc a Rôl, John oedd Brenin newyddiaduraeth Gymraeg.

Roedd wedi bod wrthi am dros wyth mlynedd ar hugain yn paratoi ac yn darlledu *Dros fy Sbectol* ar Radio Cymru. Mi fyddai'n ddigon hawdd i unrhyw un, ar ôl ychydig flynyddoedd, ddechrau ysgrifennu erthyglau ffwrdd-â-hi ond, yn achos John, roedd pob un ysgrif wedi ei pharatoi'n gywrain ac yn ofalus. Roedd ganddo rywbeth arbennig ac unigryw i'w ddweud bob wythnos.

Hyd yn oed yn ystod ei ddyddiau olaf, yn glaf yn Ysbyty Gwynedd, Bangor, roedd ei feddwl mor fywiog ag erioed a'i lygaid yn dal i befrio. Roedd yn dal i dynnu coes ac yn dal i ddiawlio! John ei hun a benderfynodd roi'r gorau i *Dros fy Sbectol* wrth i'w lais wanhau ac mi wn i a 'nghyd-weithwyr fod hwnnw wedi bod yn benderfyniad dirdynnol iddo. Wedi'r cwbwl, roedd y rhaglen yn rhan annatod o'i fywyd ac roedd gollwng gafael arni hi fel ffarwelio am byth â chyfaill mynwesol.

Yn y cyfnod diweddar, Alun Rhys, gohebydd Radio Cymru, oedd yn mynd at John yn wythnosol i recordio *Dros fy Sbectol* ac mi ddaeth y ddau'n gyfeillion mawr. Dymuniad John oedd mai Alun – a neb arall – fyddai'n cael y dasg o baratoi'r gyfrol olaf. Roedd hynny'n fraint fawr a haeddiannol i Alun a dwi'n siŵr eich bod chi, fel fi, yn ddiolchgar iawn iddo am dreulio wythnosau lawer yn darllen ac yn gwrando ar ysgrifau John gan ddewis y goreuon ar gyfer y llyfr hwn.

Rydan ni erbyn hyn yn byw mewn byd lle mae'r gair 'digidol' yn rhan annatod o'n geirfa a'n byd ni. Roedd John yn perthyn i oes aur y teipiadur. Roedd yn perthyn i gyfnod pan oedd *Y Cymro* yn cael ei gysodi yn y dull hen-ffasiwn a 26,500 o gopïau bob wythnos yn cael eu hargraffu. Cododd y cylchrediad ar ôl i John boblogeiddio'r papur. Ei nod oedd cyrraedd cynifer o bobl gyffredin ag y gallai.

Roedd yn perthyn i ddyddiau cynnar teledu du a gwyn yn y Gymraeg gan gynnwys *Heddiw* ar y BBC a'r sianel annibynnol Teledu Cymru; roedd yn darlledu yn ystod y dyddiau pan oedd meicroffon radio yn beth enfawr a oedd yn cuddio hyd at hanner wyneb y darlledwr!

Ond, o ddifri, dyn rhoi pìn ar bapur oedd John ac mi ysgrifennodd yn ddiflino rifynnau *Dros fy Sbectol* yn ei lawysgrifen gain. Mae nhw'n werth eu gweld.

Roedd cyfraniad John i'r cyfryngau Cymraeg yn enfawr. Hwn ydi'r llyfr olaf un. Dymuniad John ei hun oedd galw'r llyfr yn *Ffarwél i'r Sbectol.* Mae'n llyfr fydd yn gwneud ichi wenu, yn gwneud ichi deimlo'n drist, ac yn llyfr a ddylai gael ei drysori.

Coffa da amdano.

ALED GLYNNE DAVIES

Rhagair

All geiriau ddim mynegi'r anrhydedd a deimlais pan ofynnodd John Roberts Williams i mi ddethol sgyrsiau ar gyfer y gyfrol hon, ei gyfrol olaf: arch-newyddiadurwr Cymru yn rhoi'r cyfrifoldeb arnaf fi, nad oedd â'r degfed rhan o'i brofiad, a dim o'i allu.

Pa rai i'w cynnwys? Tybed a fuasai John yn cynnwys hon neu hon? Dyma benderfynu gofyn iddo: 'Oedd gynnoch chi ganllaw wrth ddewis sgyrsiau i'w cyhoeddi?'

'Dewis y rhai mwya diddorol oeddwn i.'

Clustan eiriol am ofyn cwestiwn mor wirion!

Tra oedd o yn yr ysbyty aeth y newyddiadurwr, a chyn-gynhyrchydd *Dros Fy Sbectol*, Gwyn Llewelyn, i edrych amdano, a dweud wrtho ei fod wedi cadw tapiau o'r sgyrsiau cynnar. Gofynnodd John i mi gynnwys rhai ohonyn nhw yn y gyfrol. Ond ar ôl gwrando ar y cant tri deg a thri o dapiau, sylweddolais fod nifer mawr iawn ohonyn nhw (y rhai mwya diddorol!) wedi eu cyhoeddi yn ei gyfrol gyntaf, sef *Dros Fy Sbectol* ond, serch eu bod eisoes wedi ymddangos mewn print, penderfynais gynnwys saith ohonynt o'r newydd yn y gyfrol hon. Drwy gadw'r tapiau mae Gwyn Llewelyn wedi gwneud cymwynas enfawr. Nid yn unig mae sgyrsiau John wedi eu cadw ond hefyd mae lleisiau nifer helaeth o fawrion eraill ein cenedl wedi eu diogelu. Yn y cyfnod cynnar roedd yr ailddarllediad o *Dros Fy Sbectol* yn cynnwys cyfweliadau rhwng John a gwestai. Ar y tapiau hyn clywir lleisiau Charles Williams, J. R. Owen, Ohio; Yr Arglwydd Goronwy Roberts, Gwilym O. Roberts, Huw Williams, Dr Tudur Jones, Yr Athro Bedwyr Lewis Jones, Yr Arglwydd Cledwyn, Ifor Bowen Griffith, Mati Prichard, Dr Cyril Parry a llu mawr o enwau adnabyddus eraill, heb sôn am lond trol o gymeriadau cefn gwlad Gwynedd. Mi fydd y tapiau, yn ôl dymuniad John, yn cael eu hanfon i'r Archif Sain yn y Llyfrgell Genedlaethol.

Dymunaf gydnabod yn ddiolchgar haelioni'r BBC am fy rhyddhau o'm dyletswyddau i baratoi'r gyfrol. Diolch hefyd i Wasg Gwynedd, ac yn arbennig i Alwena Owen, am ei hamynedd gydag un mor amhrofiadol.

ALUN RHYS
GORFFENNAF 2005

Cynnwys

DETHOLIAD O'R SGYRSIAU CYNNAR

JOHN AELOD JONES

11 Medi 1999

Dyma ganiad ar y ffôn. Mrs Ann Jones o Drefor, wrth odre'r Eifl, yn galw ac roedd ganddi broblem na fedrai ei datrys. A chan fod y broblem yn ymwneud â mi a bod yr ateb, fwy na heb, gen i, ac i arbed 'chwaneg o ddryswch i 'chwaneg o bobol ymhen 'chwaneg o ddyddiau, mi ymhelaetha i ar fy ymateb yn y fan hon.

Dyma'n syml broblem Mrs Jones, sef sut roedd hi'n bosibl fy mod i, dan yr enw John Aelod Jones, yn medru trafod polisïau Plaid Genedlaethol Cymru a phersonoliaethau gwleidyddol y dydd yng nghylchgrawn *Y Ddraig Goch* mor gynnar â 1928, pan oeddwn i'n ddim ond pedair ar ddeg oed. A dyma'n syml yr ateb: nid y fi oedd y John Aelod Jones hwnnw. Ond pwy oedd o?

Fe wyddai Mrs Ann Jones fy oed am y gwyddai fy mod yr un oed â'i chwaer hŷn, Nin, mam golledig Geraint Jones, fu'n gosod ei argyhoeddiadau gerbron llys barn yng Nghaernarfon ddydd Mercher. Roedd Nin a minnau'n gyd-ddisgyblion yn y Cownti Sgŵl ym Mhwllheli ac yn cyd-deithio yno efo'r Moto Coch o Drefor, sy'n dal i fynd.

Roeddwn wedi mabwysiadu'r enw, John Aelod Jones, pan gefais, a minnau'n fyfyriwr, y cyfle i gynnal colofn wythnosol yn *Yr Herald Cymraeg*, am saith swllt a chwech hen geiniog y tro. Un o gymeriadau straeon Daniel Owen a ymhyfrydai yn y ffaith ei fod yn ohebydd a wnâi'r hyn a alwai'n dafodieithol yn 'gysfennu i'r wasg oedd y John Aelod Jones gwreiddiol. A 'Gysfennu i'r Wasg gan John Aelod Jones' oedd fy ngholofn yn yr *Herald* tua 1937.

Wyddwn i ddim pan ddechreuais fod John Aelod Jones arall yn cyfrannu'n achlysurol i'r *Ddraig Goch* fisol, a sefydlodd y Blaid Genedlaethol ym Mehefin 1926. Mae'r copïau cynnar wedi eu rhwymo'n daclus gan Mrs Ann Jones. A phan ddarganfûm fod yna ddau John Aelod Jones mi sylweddolais y dryswch a fedrai greu. Hyderaf fod fy nghof yn iawn am amser pell iawn yn ôl ond cefais, hyd y cofiaf, mai J. E. Daniel, y cenedlaetholwr cynnar mawr ac athro ar y pryd yng Ngholeg Annibynwyr Bala Bangor, oedd John Aelod Jones *Y Ddraig Goch*, ac yn raslon cytunodd i adael i mi lynu wrth yr enw. A dyna ddatrys hynyna o broblem a gododd ei phen tros drigain mlynedd yn ôl. Ac os oes unrhyw ffaith yn anghywir, croesawaf gael fy nghywiro.

Ac at y golled: Elis Gwyn. Nid mor genedlaethol adnabyddus efallai â'i frawd gwreiddiol ac athrylithgar, William Samuel Jones, Wil Sam, ond un â dawn fawr a gyfoethogodd ddiwylliant ei filltiroedd sgwâr yn Eifionydd, ei hen fro, a Llŷn.

Yn yr hen Gownti Sgŵl, Pwllheli, a ddaeth yn Ysgol Gyfun y ddau gwmwd, fe fu yna athrawon da a rhai ddim cystal, fel y gwn yn dda. Ond yn ystod fy einioes i, mi fu yno ddau athro arbennig tros ben a haedda gofgolofnau. Un oedd W. H. J., Bill Jenkins. Fe'i darganfuwyd gan gawr o hen brifathro, D. H. Williams, yn canu'r ffidil yn y Brifwyl ym Mhwllheli yn 1925 ac fe'i cafodd yn athro cerdd i'r ysgol. Brodor o Ben-y-bont ar Ogwr a dewin gyda'r feiolin â'r ddawn i boblogeiddio offerynnau cerddorfaol. Pan oeddwn i'n blentyn yn y Cownti Sgŵl ym Mhwllheli roedd gen i, fel fy nghymheiriaid, ffidil a Bill Jenkins yn neilltuo hanner ei awr ginio i'n dysgu sut i'w chanu – wel, yn dysgu'r rhai oedd â mymryn o gerddoriaeth yn eu gwaed, oedd ddim yn fy nghynnwys i.

A 'fodlonodd Bill Jenkins ddim ar ddysgu plant yn yr ysgol. Byddai'n treulio ei oriau hamdden yn hyfforddi'r werin gyda'r fath lwyddiant nes, fel un enghraifft, sefydlu cerddorfa ym mhentre chwarel bychan Llithfaen, wrth odre'r Eifl, lle na bu yna erioed hyd yn oed fand. Gwyrth o athro.

Yr un arall diweddarach o'r un rhywogaeth oedd Elis Gwyn. Er mai mewn Cymraeg y graddiodd fe fawr ddatblygodd ei ddiddordeb mewn arlunwaith nes troi'n genhadwr mawr, megis Bill Jenkins, mewn maes arall pan ddaeth yntau'n athro yn nhre Pwllheli. Fe ysbrydolodd do ar ôl to o arlunwyr newydd penigamp: bu Guto Roberts yn un o'i ddisgyblion a'i edmygwyr, a daeth sefydliadau fel un atgyfodedig Glyn y Weddw yn Llanbedrog i arddangos a phoblogeiddio'r darluniau gan greu boddhad parhaol i werin Llŷn ac Eifionydd.

Hyn o haeddiannol deyrnged i ddau athro, gan un na fedrodd yn ei fywyd na chanu mewn tiwn na thynnu llun.

DAEARGRYN

25 Medi 1999

'Dyma'r byd lle mae taranau, mellt a chenllysg, a daeargryn.' A'r daeargryn mawr ar Ynys Taiwan yn y Dwyrain Pell, yr ysgytwad diweddaraf o'r dirgryniadau naturiol dychrynadwy yma. Hen enw mwy cyfarwydd yr ynys ydi Formosa, ac yno, heb fod ymhell o arfordir China, yr arweiniodd Ciang Kai-Shek ddwy filiwn o'i gyd-wladwyr, wedi'r gwrthryfel methedig yn erbyn goruchwyliaeth gomiwnyddol y dydd. Ecsodus a arweiniodd at sefydlu'r hyn a alwyd yn weriniaeth China.

Erbyn hyn mae Taiwan, y Formosa newydd, yn ynys bur lewyrchus gyda phoblogaeth o ryw ddwy filiwn ar hugain, ond wedi colli'r hen hygrededd o fod â'i llywodraeth yn llywodraeth China hefyd. Ac yn wir, pennaeth China fawr ei hun, Jiang Zemin, oedd gyntaf i addo cymorth wedi'r trychineb enfawr a drawodd yr ynys. A hyn oll yn fwy na digon i wneud i *ni* gyfri'n bendithion gan ddiolch mai yng Nghymru fach rydan ni oll yn byw, ar waetha'i beiau. Nid ei bod yn rhaid i ni gau llygaid ar y rheiny chwaith.

Ond i ddechrau, un fendith. Yr help sydd i ddod i'n hamaethwyr argyfyngus. Dydi o ddim yn mynd i ddatrys eu problemau nac am fod yn hir ei barhad, ond mae'n mynd i leddfu peth tros dro. Ac mae Cynulliad Cymru'n gyfrifol am sbarduno Llywodraeth Prydain i ymestyn y cymorth a thrwy hynny'n ennill tomen o farciau am ei safiad annibynnol. Helpwyd safiad o'r fath gan y ffaith nad oes gan y Blaid Lafur Gymreig lywodraethol fwyafrif tros y gweddill yn y Cynulliad ac na fedrai, hyd yn oed pe dymunai, slafaidd ddilyn y Llywodraeth Lafur yn Llundain. A phrofodd Plaid Cymru y medr fod yn wrthblaid gref a chreadigol ynghyd â chynhesu calonnau ei haelodau yn eu cynhadledd flynyddol fwyaf o ddigon, os bu raid mynd i ymgecru efo'r Blaid Lafur.

Nid mor gymeradwy sefyllfa'r iaith Gymraeg yn y Cynulliad ei hun. Yn un peth gofidus, dim ond chwech neu saith o'r trigain aelod sy'n defnyddio'r iaith yn gyson yn y trafodaethau, a rhai sy'n hyddysg ynddi heb ei defnyddio o gwbwl. Fedrwn ni wneud dim o bwys ynglŷn â hyn ond gofidio ac ymbilio, a disgwyl am yr etholiad nesaf.

A mater sy'n achosi anfodlonrwydd cynyddol ydi un y telediadau byw o'r Cynulliad. Ac fe fedrid gwneud rhywbeth bach ynglŷn â'r rhain pe medrid cytuno ar *beth*.

Fe benderfynwyd, gyda chefnogaeth slafaidd Bwrdd yr Iaith, mai o'r Gymraeg i'r Saesneg yn unig y dylid trosi trafodaethau'r Cynulliad. A dyna'r drwg yn y caws. Mae'r fath hanner-trefniant yn gweithio'n hwylus a medrus, rhaid dweud, tu fewn i'r Cynulliad ei hun. Fel yn Senedd Brwsel mae cyrn gan yr aelodau tros eu clustiau i glywed popeth yn ôl eu dewis yn ddiymyrraeth.

Ond yn y telediadau mae'r sefyllfa'n wahanol. Ceir pob gair o'r Saesneg yn solo uniongyrchol o geg y siaradwr. Nid felly efo'r Gymraeg. Yma, i'r gwyliwr, mae'r Saesneg wedi ei gosod yn solat ar gefn y Gymraeg, sydd ddim yn drosleisio ond yn drawsleisio, ac yn dreisio geiriol. A chyda'r ddwy iaith ar draws ei gilydd fel hyn mae'n nesa peth i amhosibl dilyn y naill na'r llall, sy'n creu cawdel noeth ar gyfrwng yr hawlir pob hwylustod ganddo gan wylwyr sydd am ddal i wrando – ar wahân i'r ffaith fod yr iaith Gymraeg, sy'n gyfreithiol gyfartal â'r Saesneg yng Nghymru, yn anhraethol llai cyfartal. Dyma sefyllfa sydd ddim yn temtio aelodau'r Cynulliad ei hun i ddefnyddio'r Gymraeg o gwbwl, am ei bod yn eu gosod o dan anfantais, a sefyllfa y mae gan y gwylwyr – sy'n cynnal y sianelau teledu – yr hawl i alw am ffordd amgenach, decach.

A oes ffordd o'r dryswch heb wneud cam â'r un o'r ddwy iaith? Dan y drefn bresennol, oes, sef i'r BBC ddarlledu'r sesiynau fel y gwneir yn awr, os dyna'r dymuniad, ond i'r sianel Gymreig, S4C, eu teledu yn union fel y maent, heb gyfieithu'r Gymraeg o gwbwl, sy'n rhesymol ac ymarferol bosibl. Neu, be mae Sianel Cymru yn da, oni fedr hi wneud cyn lleied?

Ac at golled. Raisa, 'fy mhartner trwy holl dreialon fy mywyd' a dyfynnu Gorbachev. Dau a briodwyd pan oeddan nhw'n fyfyrwyr ym Moscow ac y cyfeiriai Gorbachev bob amser ati hi fel Raisa Maxsimona yn ei atgofion. Cymerodd ei lle wrth ei ochr, yr unig wraig ers priod Lenin, i gyfranogi yn y dasg o reoli Rwsia a hyn ar gyfnod ddaeth â chytundeb a heddwch newydd i Ewrop ranedig beryglus a threfn newydd i'r Undeb Sofietaidd. A thrist i oruchwyliaeth o gorachod ddod i ddymchwel cyn gymaint o gyfraniad y ddau.

MERCHED YN BENNAF

13 Tachedd 1999

Wythnos o ansicrwydd i'r bîff a mesur o sicrwydd i'r llwynogod. A dim jam heddiw ond rom bach o jam fory, medd y Canghellor gorwyliadwrus, sydd ar i fyny, efo lot fawr o jam ganddo fo. Ac mae'r merched Cymreig ar i fyny hefyd a phenodiad Menna Richards i reoli BBC Cymru ac yn rheolwraig ranbarthol gynta'r BBC ym Mhrydain a Gogledd Iwerddon yn bluen arall yn eu hetiau. Eisoes roedd Marian Wyn Jones wedi ennill hen sedd Sam Jones – a finnau, o ran hynny – ym Mangor. Ac yn wir, bu Bangor yn arloesol wrth gyflogi merched. Yno, gyda'r radio cynnar, cyn symud i swyddi allweddol yng Nghaerdydd, yr oedd Myfanwy Howells, Nan Davies a Morfudd Mason Lewis, ac yn y brifddinas roedd Lorraine Davies a Teleri Bevan yn tynnu tua'r brig – gyda Dorothy Williams tros y ffordd gyda'r hen TWW. Bellach mae'r merched darlledu cyn amled eu rhif â'r dynion, a gwell peidio ag ychwanegu.

Rwy'n cofio Menna Richards yn un o ohebwyr disgleiria'r BBC – trwyn fel ffuret a doniau newyddiad-urol mawr, a'i gradd mewn Cymraeg yn gofalu am ei hiaith. Pan groesodd at y teledu masnachol fe oroesodd gyfnod anodd yn hanes y cwmni gan ddatblygu dawn weinyddol hefyd a bod yn help i S4C gael ei draed dano gyda'i rhaglenni ymchwiliadol cyfoes, byw.

Pan oeddwn i'n ohebydd roedd gweld merch o ohebydd fel gweld y gog. Fu yna'r un gan hen bapurau Caernarfon a phrin gan y wasg ddyddiol, sydd bellach â merched yn olygyddion y *Daily Express* a'r *Sunday Independent* ag ati. Ac yn ferched – saith o naw staff *Y*

Cymro, chwech o un ar ddeg staff *Golwg* a rhan dda o staff *Yr Herald*. Yn anffodus, fe gyrhaeddon pan oedd y wasg Gymraeg ar wastad ei chefn ac yn ei chael yn broblem codi'r cylchrediad yn sylweddol, os o gwbwl, dros y tair mil, er bod ysgol brofiad wedi gorfod rhoi lle i gyrsiau coleg i'r newyddiadurwyr – gan adael lle arbennig i ddiolch i'r papurau bro am helpu'r werin Gymraeg i ddal i ddarllen yn weddol gyson.

Be sy'n gyfrifol am y trai enbydus yma? Rhaid rhoi'r bai, bron gant y cant, ar y teledu. Pan ddaeth y setiau i'r tai daeth y dirywiad ar garlam, a does dim arwydd o adfywiad. Mae'r gystadleuaeth yn gwegian hyd yn oed fy ffydd i mewn llwyddiant papur dyddiol Cymraeg, na fedrwn fod yn genedl gyflawn hebddo.

Ac yn awr mae'r cyfrifiadur a'r we yn sialens bellach gan mai hwy a achosodd y golled. A hyn oll yn gosod cyfrifoldeb anfesuradwy ychwanegol ar wasanaeth y radio, a'r teledu'n arbennig, i ofalu peidio â pheryglu ymhellach einioes yr iaith Gymraeg sydd mewn gwir berygl o fynd yn iaith llyfr i'r dyrnaid dethol a'r dysgwyr digefndir, ac yn fratiaith lafar i'r werin cyn troi'n iaith farw.

Ac wrth ddymuno'r gorau i Menna ar ei pharchus arswydus swydd, ymddeoliad hapus, ond nid segur, i Geraint, sy'n dirwyn i ben gyfraniad ymroddgar mawr teulu Talfan Davies i'r radio a'r teledu yng Nghymru.

Rhaid cydnabod, rhag torri calon, fod yna fwy o gydnabyddiaeth swyddogol i'r Gymraeg na fu yna erioed – fel y profa'r pamffled diweddaraf a ddosbarthwyd, *Beth y dylai pawb ei wybod am Fyg y Mileniwm*, lle mae'r trosiad Cymraeg yn eithaf derbyniol – yr hyn nad yw'n troswyr i gyd. Eto, pam 'Byg' a chwilen yn air mor gartrefol, os ydi hi'n rhaid i ni oddef Mileniwm. Ac yn sicr dyw'r gair Ffuglen am Fiction ddim yn iawn fan hyn, lle gelwir am Dychymyg neu Chwedl, neu Gred ac nid am nofel.

A rhaid i mi'ch gadael gydag enghraifft drist o'r hyn a fedr ddigwydd i'r iaith ysgrifenedig. Prifathrawes ysgol yn Llŷn wedi cwyno am y gwasanaeth wrth Nwy Prydain. Cael yr ateb o British Gas, Maelor Works, Wrecsam. Mi ddarllenaf i o ora medra i, yn union fel y mae.

> *Diolch am eich llythyr Medi tridegfed. Rydym yn pryder iawn i ddysgu am y problemau rydych chi wedi cael hefo'r peinanwaith Nwy Prydain. Hoffwn y ymddiheurwn doedd 'na ddim ymweliad gan technegydd arol gofyniadwchi.*
>
> *Hoffwn egluro, fe drefnais technegydd i ymweld a'r ysgol wythnos hon i drefnu amser addas i ddol.*
>
> *Os oes na ffordd rydym yn gallu helpuchi ffoniwch ni ar y rhif uchel.*
>
> *Yr eiddoch yn gywir Karen Humphreys Gwasanaeth Cwsme*

A dyna fo, air am air, yr eiddoch yn anghywir tros ben.

TARANFOLLT

12 Chwefror 2000

Rhaid defnyddio'r gair hanesyddol am y bennod yn hanes cyfansoddiadol Gogledd Iwerddon a Chymru'r wythnos yma. Holl ddyfodol datganoli byrhoedlog Ulster yn y fantol ac un Cymru wedi cael ysgytwad.

A'r bennod Gymreig yn dwyn y trioedd i gof eto fyth gyda chwblhau stori trindod. Storïau Ron Davies, Alun Michael, Rhodri Morgan – ddaeth i derfyn syfrdan ar Gomin Clapham ac ym Mae Caerdydd i'r ddau gyntaf – gyda thynged Rhodri Morgan yn aros yn llaw'r duwiau.

Mae stori Ron Davies, hynny sy'n wybyddus ohoni, yn rhy hysbys i'w hailadrodd. Eto dyma bensaer y datganoli a ysbrydolodd sefydlu Cynulliad, na bu sôn am ei enw ynddo yn yr ymgiprys am ei arweinyddiaeth yr wythnos fawr yma. Mor fyr yw clod.

A thu cefn i holl ddatganoli Celtaidd Tony Blair, y mawr ei hun, ar ei orseddfainc gadarn gref yn Llundain yn gorfod holi ei hunan – ydw i wedi hau'r gwynt i fedi'r corwynt?

Ac yng Nghymru, ysywaeth, yr oedd o hefyd wedi dinistriol ymyrryd yn y frwydr am yr arweinyddiaeth trwy ystrywgar helpu i benodi Alun Michael, er mai Rhodri Morgan oedd dyn y werin. Mwy na hynny, roedd wedi cynllunio Cynulliad i Gymru na fedrai unrhyw arweinydd arno sicrhau popeth o'i haeddiant i Gymru, a sefydliad oedd â'i bwrs dan glo yn Llundain. Ac o gofio hyn oll, teg yw holi – ai Alun Michael ynteu'r Cynulliad ei hun sy'n fethedig?

Fe ddaeth yr ymddiswyddiad fel taranfollt. Y tair plaid ddig wedi cael eu deng munud i ddamnio'r Prif Ysgrifennydd am fethu â chornelu'r Prif Weinidog a'i Ganghellor – ac Alun Michael wedi treulio pedwar munud ar hugain i geisio egluro iddo wneud ei orau, heb na'r awdurdod angenrheidiol na'r mwyafrif digonol yn y Cynulliad ei hun. A dyma fe, gyda dim ond ei funud ola ar ôl yn mynd i'w boced, tynnu allan ei ymddiswyddiad a'i gyflwyno fel ergyd o wn i'r Llefarydd, yr Arglwydd Elis Thomas. Dim ar ôl ond mynd rhagddi gyda'r bleidlais o ddiffyg ymddiriedaeth ynddo – ddiystyr bellach. A dyna i chi Gynulliad Cymreig heb enaid byw wrth y llyw.

Rhoddwyd yn y Cynulliad air da i'r Llefarydd Elis Thomas, er i Alun Michael ac eraill gwyno, ond roedd ganddo broblemau newydd sbon mewn sefydliad newydd sbon a heb yr un cynsail i'w helpu. Bu'r holl broses o ddymchwel Alun Michael a'r canlyniadau yn enbydus o ddyrys. A phe na bai Llafur wedi symud yn sydyn ac effeithiol i ddewis Rhodri Morgan yn arweinydd tros dro, a hynny'n unfrydol, mi fuasai gan yr Arglwydd Elis Thomas broblemau ychwanegol mawr iawn ar ei ddwylo.

Ac mae 'na debygrwydd rhwng Dafydd Êl a Rhodri Morgan. 'Mavericks' fuasai gair y papurau bach. Unigolion fuasai'n decach. Dau ysgolhaig, Prifysgol Cymru'r naill a Rhydychen a Harvard y llall. Dau rugl a fedr dorri'u cwys eu hunain heb greu anhrefn llwyr.

Pob lwc i Rhodri Morgan. Bydd arno'i angen gan nad ydi'n debygol, dan y drefn sydd ohoni, y gwêl ddyddiau ei oes byth fwyafrif clir gan un blaid Gymreig. Ond os gelwir arno i gyflawni yr hyn a gostiodd iddo'i job am fethu i Alun Michael, peidied undyn â chwyno os daw siomiant. Lle methodd Alun efo Llundain prin y medr yr un Rhodri lwyddo – mae'r drwg yn y caws yng nghyfansoddiad y Cynulliad ei hun. A'r ffaith i'r Tony Blair helbulus, gynnes groesawu Rhodri Morgan yn ddim mwy na chydnabyddiaeth mai gyda fe o raid y bydd yr ymdrafodaeth mwyach. Eto, er hyn oll, un sefydliad sydd wedi cael pwt o hwb i'r galon o'r diwedd yng Nghymru ydi'r Blaid Lafur.

Ac ar gyrion yr holl sioe wleidyddol a fu, wele sioc Rod Richards, y mwyaf lliwgar o holl aelodau'r Cynulliad a ddiseremoni ddiarddelwyd gan ei gyd-Doriaid. Ydi hi'n rhaid i wleidyddion fod mor gas a chroendenau?

Drosodd yn Iwerddon mae pethau'n llawer gwaeth. Nid yr arweinyddiaeth ond y datganoli ei hun sy'n mynd i'r wal yno. Ac yr oedd sylfaenu'r llwyddiant – neu fethiant – ar i'r IRA ildio'r arfau yn gofyn braidd ormod. Fe â hanes y mudiad arfog yn ôl i Wersyll y Frongoch ger y Bala, gryn bedwar ugain mlynedd yn ôl, pan helpodd Michael Collins i sefydlu byddin gudd o'r fath un ag a laddodd Michael Collins ei hun yn y diwedd, ac sy'n lladd datganoli yn Ulster yn awr. A hynny am i wleidyddion ddisgwyl i freuddwyd fawr Iwerddon unedig, ynghyd ag arfau helaeth y fyddin, gael eu hildio'n ddi-lol. Be fuasai ganddyn nhw ar ôl, er da neu er drwg, wedyn? Dim byd.

Ac wele'n dod i ben wythnos i'w chofio – os i anghofio bod gynnon ni dîm rygbi.

ARLOESI

4 Mawrth 2000

Ddyweda i ddim mwy am yr Ŵyl Ddewi yma na diolch ei bod yn anhraethol well dygwyl na honno gynt pan gafwyd yr ymateb i'r refferendwm gynta tros fymryn o annibyniaeth i Gymru.

Eto, mae'r Ŵyl yma yn un hanesyddol a gofir am mai dyma'r dydd pan wthiwyd cwch y papur newydd dyddiol Cymraeg cyntaf i'r dŵr gan y BBC. Dyma un o anturiaethau mwya'r iaith Gymraeg. Breuddwyd fawr Aled Glynne, Geraint Talfan, Menna Richards a'u cynorthwywyr dygn, yn cynnwys Glyn Evans, cyn-olygydd *Y Cymro*, a ddychwelodd wedi sbel yn y Wladfa ym Mhatagonia. Ac wele osod o flaen ein llygaid ddarlun o ddyfodol chwyldroadol y wasg yng Nghymru.

Nid yn hollol y papur dyddiol y breuddwydiais i amdano ac na lwyr anobeithiaf yn ei gylch. Mi fedrai, gobeithio, fyw'n bartner i'r un newydd gan wneud yr hyn sydd tu hwnt i siarter y BBC, sef mynegi barn a chyhoeddi arweiniad – os ydi pethau felly am ddal i gyfrif. Ond yr hyn y medr y papur newydd sbon yma ei wneud na fedr yr un hen bapur newydd mewn bod ei wneud, ydi cadw i'r funud gyda'r newyddion fel y digwyddant, a'u gosod ar amrantiad ar yr aelwydydd.

Fel un heb ei we ei hun fe gefais i, nid yn unig fy niddori, ond hefyd fy syfrdanu gyda'r holl gymhlethdod ac amrywiaeth a welais ar sgrin fy nghymydog, na chafodd unrhyw drafferth i fwyhau digon ar y geiriau oedd arni i lygaid oedd yn heneiddio fel fy rhai i i fedru eu darllen *heb* fy sbectol, pe bai raid. A lliw a llun yma ble bynnag mae galw amdano. Camp fawr iawn – enfawr. Yr ydan ni mewn byd newydd, a'r papur newydd yma i aros yn rhan ohono.

Ac i aros efo'r cyfryngau, mae 'na ynghanol y chwyldro technegol yr hyn oedd cyn brinned â'r gog pan oeddwn i'n las-ohebydd, ond yn dechrau troi'n oruchaf erbyn hyn – sef merched. Ac megis yn y Cynulliad, merched yn bennaf sy'n rhedeg *Golwg* a'r *Cymro*, er mai sefydlog yn hytrach na chynyddol ydi eu cylchrediad ac mai dynion yw'r golygyddion. Ond dwy ferch sydd ar frig y BBC ac S4C yng Nghymru.

A'r newydd mawr a addawodd *Y Cymro* ar ddydd Gŵyl Dewi oedd ei fod i ymddangos fel y gwnaeth yn wreiddiol, ar fore Sadwrn gyda hyn. At ei gilydd dyw darllenwyr papur newydd byth yn croesawu unrhyw newid mawr ond hyderaf y derbyniant y newid yma. Mae deugain mlynedd er pan fûm i'n olygydd *Y Cymro* a bellach mi fedra i edrych yn wrthrychol arno fo. Rwy'n gybyddus â'i broblem fawr – diffyg bod heb ei ohebwyr ei hun allan yn y maes, gan orfod ailbobi gormod o newyddion pobol eraill yn y swyddfa, gan droi'r papur yn ddigymeriad, ddibersonoliaeth. Ond mae ganddo golofnwyr gwerth chweil, megis Guto Harri ac Owen Thomas, ond yn baradocsaidd – a niweidiol – dim gohebydd teledu annibynnol ynghanol syrffed o froliant i raglenni S4C. Ar ben hyn mae'r broblem o sut i apelio'n genedlaethol heb apelio'n lleol ar yr un pryd yn dal i brofi'n dasg anorchfygol i'r wasg Gymraeg. Bydd yn ddiddorol gweld sut y bydd y papur newydd newydd yn delio â hi.

Ond ar waetha'r holl ddatblygiadau yma ar y we ag ati mae'r teledu yn dal i ffynnu ac ehangu. Fel y dywedais i, does gen i ddim gwe ag ati er bod teledu lloeren gen i – yn bennaf am ei chwaraeon, a'r digidol i fedru clywed, pan lwyddaf, y Gymraeg heb y Saesneg drosti, yn y Cynulliad.

Cafwyd rhaglenni campus ar S4C hefyd yn ddiweddar. Dyna *Dechrau Canu Dechrau Canmol* wedi ei amrywio gyda chryn wreiddioldeb, heb lwyr ddifetha gwres yr hen donau ac emynau. A chyfres wirioneddol dda oedd honno a bortreadodd ganrif y werin. Dwy raglen gyntaf *Canrif y Brifwyl*, er cystal y lluniau oedd ynddi, cyn gymaint ar wasgar nes troi hanes y Brifwyl yn atodiad gwan a chul i hanes yn gyffredinol. Gormod o bopeth ond steddfod. Gormod o bwdin. Am y didwyll laeth gweler *Gŵyl Gwalia*, Hywel Teifi Edwards.

Ac am y tro cyntaf erioed yn yr ardd fach raeanog sydd gen i acw, mi gefais 'leni un daffodil wedi agor at Ŵyl Ddewi. Ac mi gurodd y gwyntoedd a'r glaw o'n ddiymadferth i'r llawr. Oes 'na ddameg rhywle yn fanna, deudwch?

Y GYLLIDEB

25 Mawrth 2000

Enw gwleidyddol mwyaf a mwyaf hirhoedlog ail hanner yr hen hen ganrif oedd William Ewart Gladstone. A darlun o Gladstone oedd yr un a welid amlaf ar waliau ceginau gorau y Gymru Gymraeg. Gan ei fod yn byw ym Mhenarlâg, wedi priodi Cymraes a chyda chartref ym Mhenmaenmawr, lle treuliai ran dda o'i wyliau, a chyda Thomas Gee a'i *Faner* ymysg ei addolwyr, efe oedd arwr y Gymru Gymraeg nes cyrraedd dyddiau mawr Lloyd George.

Ond tila tros ben oedd ei ddiddordeb Cymreig. Fel uchel eglwyswr roedd ymhell o fod yn gefnogydd eiriasboeth i arweinwyr rhyfel y degwm na datgysylltu'r eglwys, a'i ddiddordeb mewn mesur o annibyniaeth i

Gymru yn ddim os oedd hunanlywodraeth i Iwerddon yn un o'i ymlyniadau mwyaf.

Ond ar wythnos cyllideb arall, lle trafodai'r Canghellor Brown ei filiynau a'i biliynau, diddorol ydi cofio'r dyddiau pan drafodai Gladstone ei geiniogau a'i ddimeiau. Yn wir, yr oedd o'n medru'n ddidrafferth gyfuno'r swydd o Brif Weinidog a Changhellor y Trysorlys. A dydd Mawrth diwethaf, cymerodd Gordon Brown hanner can munud i gyflwyno'i gyllideb o fwy o filiynau na fedr bod meidrol eu hamgyffred. Ond yn 1853 – ychydig dros gant a hanner o flynyddoedd yn ôl – cymerodd Gladstone bedair awr a thri chwarter i gyflwyno'i gyllideb gyntaf o. A faint o arian oedd o'n ei drafod, i drin holl economi Prydain Fawr ac Iwerddon am flwyddyn? Daliwch eich gwynt cyn i mi ddweud wrthoch chi. Y swm oedd deuddeg a deugain miliwn – dwy filiwn tros yr hanner cant – o bunnau, oedd yn ddigon ar y pryd i redeg llywodraeth pencadlys yr ymerodraeth fwyaf a welodd y byd!

Mi fu'n rhaid aros nes cyrraedd Cyllideb y Werin Lloyd George, bron i hanner can mlynedd yn ddiweddarach, cyn gweld chwyldro yng nghyllideb Prydain – y gyllideb a sefydlodd y wladwriaeth les – y wladwriaeth les a achosodd y cur pen mwyaf i Gordon Brown wrth lunio'i gyllideb o bnawn Mawrth.

Pan gyflwynodd Gladstone ei gyllideb gyntaf doedd hi ddim yn rhaid iddo feddwl, heb sôn am ymboeni, am y gwael a'r diamddiffyn a'r diwaith a'r tlawd a'r anwybodus yn y gymdeithas – cymdeithas yr oedd y chwyldro diwydiannol yn mynd i'w chwyldroadol gyfnewid. Ac i'w chwyldroi erbyn dyddiau Lloyd George, yn y gweithle a'r ysgol a hyd yn oed y ffordd fawr wedi ymwthio'n gyfrifoldeb newydd gyda dyfodiad y modur. A chyllideb Lloyd George, a gododd y fath gynnen, fu sylfaen y wladwriaeth les hyd ddyddiau Attlee ac Aneurin Bevan wedi adroddiad Beveridge. A'r sylfaen newydd honno a osodwyd bron i hanner can mlynedd yn ôl oedd yr un a etifeddodd Gordon Brown, a honno bellach mor sigledig nes gorfod ei hailystyried a'i newydd sefydlu mewn canrif newydd ac mewn cymdeithas newydd hefyd.

Yr ydw i wedi fy magu yn y cyfnod rhwng Lloyd George ac Aneurin Bevan ac wedi gweld y newid. Ac yn gorfod holi fy hunan wrth ddarllen am yr holl argyfwng yn y gwasanaeth iechyd – am y prinder doctoriaid, am y prinder nyrsus, am y prinder gwelyau, am yr anfesuradwy gynyddol gleifion sy'n dal i ddisgwyl am driniaeth. Chlywais i ddim sôn am y fath broblemau pan oeddwn i'n blentyn. Ai am nad oedd pobol yn galw am na chael digon bryd hynny ynteu eu bod yn galw am a chael gormod erbyn hyn? Fyddai yna ddim llond stafell yn disgwyl cael gweld eu doctor bryd hynny a fyddai yna ddim sôn am ddim lle yn yr hosbitol chwaith, stalwm. A oedd pobol yn iachach ynteu gorddioddef a marw oeddan nhw?

P'run bynnag, mae gan y llywodraeth yma ei phroblemau yn yr ysbytai a'r ysgolion a cheisio delio â'r rheiny – wedi eu helaeth greu gan ddiofalwch y gorffennol – roedd Gordon Brown bnawn Mawrth. O drugaredd roedd ganddo economi gref wrth ei gefn, ynghyd â'r Dreth ar Werth a'r trethi cudd *a*'r mwy mewn gwaith, i fedru gwario'r biliynau i geisio gwelliant. Ond nid tros nos mae hyfforddi doctoriaid a dyw dweud 'Dyma'r arian i greu deng mil o nyrsus' ddim yn gwarantu y gwelir nhw. Ac mae dyledion mor enfawr gan y gwasanaethau iechyd Cymreig fel na warentir y gwerir bopeth ar yr hyn a ddylesid. Sylweddolwyd hynny yn y maes addysgol trwy roi arian yn uniongyrchol i ysgolion.

A'r ddedfryd ar y gyllideb? Wel, y mae ei hamcanion yn rhai da ond mae'n un na welir ei ffrwythau am gryn amser. Byddwn amyneddgar. Mae'n dipyn gwell dyddiau arnon ni i gyd na welodd Gladstone – na Lloyd George nac Aneurin Bevan chwaith.

YR URDD DAN YR ORDD

3 Mehefin 2000

Stori fawr yr wythnos – iechyd Dafydd Wigley yn ei orfodi i ymddiswyddo o'i arweinyddiaeth orchestol o Blaid Cymru. Gyda holl hylabalŵ'r cyfryngau gallasech gredu ei fod eisoes *wedi* ymddiswyddo, a'r frwydr am ei swydd eisoes yn ymboethi. Ond dim ond dechrau'r stori ydi hyn oll. A stori heb ei diwedd eto ydi brwydr yr Americanwyr a'r Japaneaid am einioes cwmni Hyder gyda'n dŵr a'n trydan. Dwy stori ddaw i derfyn heb i Gymru fod ar ei helw. Ac mi af innau at stori fawr arall yr wythnos – Steddfod yr Urdd.

A raid i chi ddim gwneud mwy na sylwi ar enwau'r enillwyr yn y steddfod i sylweddoli mai steddfod sy'n dibynnu'n bennaf ar yr ysgolion ydi hi. Athrawon yr ysgolion sy'n paratoi'r cystadleuwyr gan wneud gwaith gwirfoddol da ohoni hi i ofalu y ceir safon o steddfod –

ac fe'i cafwyd, ynghyd â threfniadau a maes clodwiw. A dyna ddechrau a diwedd diddordeb yr ysgolion.

Ond fel mudiad ieuenctid mae'r Urdd bellteroedd ar ôl Mudiad y Ffermwyr Ifanc, sy ddim yn cael chwarter y clod a haedda am ei gyfraniad. Ac mae ganddo ei steddfod ei hun hefyd.

Ond ymhen dwy flynedd fe ddaw Steddfod yr Urdd yn ei hôl i'r un fro ag eleni, ond gyda phroblem fawr iawn ar ei dwylo. Mae goruchwyliaeth y mudiad wedi methu â sicrhau'r fangre a'r gefnogaeth ar gyfer Eisteddfod gyda maes atyniadol a'i bebyll cyfarwydd – rhywbeth na fethodd yr Eisteddfod Genedlaethol erioed ei wneud. Fe'i cynhelir yn Theatr Aberconwy, heb y maes arferol, yr hyn a'i gwna'n ddifrifol ddiatyniad i'r ieuenctid ac i bawb. Sy'n codi hen gwestiwn sef, rhwng y costau a phopeth, a fedrir parhau i gynnal yr Eisteddfod Genedlaethol ac Eisteddfod yr Urdd yn flynyddol ar wahân ar safleoedd gwahanol, ac oni ddylai'r ddau sefydliad ddod ynghyd o ddifri i chwilio a chael ateb boddhaol?

Buasai gweld y ddwy eisteddfod mewn dwy babell ar yr un safle yr un wythnos yn haeddu ystyriaeth, er y gallasai fod yn anymarferol. Ond os am reoli'r costau, yn sicr dylesid ystyried cynnal y ddwy eisteddfod ar yr un safle. Ni fuasai'n rhaid cael dwy gronfa leol am fod y costau mawr wedi eu harbed. Fe wnâi'r un pafiliwn y tro a buasai'r holl waith costus o ddarparu cyfleusterau'r maes yno ar gyfer y ddwy ŵyl ar eu gwahanol ddyddiadau. A'r peth olaf i'w ystyried ydi cael un maes sefydlog, fel un y sioe.

Ac y mae gen i asgwrn yn dal i'w grafu gyda

phenaethiaid yr Urdd. Flynyddoedd yn ôl gadawodd perthynas i mi fferm Dinas Ddu yn Aberglaslyn i'r Urdd yn ei ewyllys, gyda'r amod fod y denantiaeth ar gyfer Cymry Cymraeg. Fe erys y fferm heb ddim ond y cant a hanner o aceri o'r tir gweddol ei ansawdd wedi ei osod. Ond y ffermdy yn wag ac yn bownd o ddirywio am y gwrthodwyd cynnig tenantiaeth barhaol ar bopeth i'r teulu sy'n dal y tir. A dyw tenantiaeth dros dro yn dda i ddim i ffermwr, ond fe allasai alluogi'r Urdd i ystyried gwerthu'r cyfan oll.

Dydw i ddim yn gyfreithiwr, a welais i ddim copi o'r ewyllys, ond hyn a wn: pwrpas trosglwyddo'r fferm i'r Urdd oedd cael teulu Cymraeg yn denantiaeth sefydlog a fuasai'n atgyfnerthu mymryn ar etifeddiaeth a chymdeithas Gymraeg un o froydd diwylliannol cyfoethocaf Cymru, a drodd erbyn hyn yn un o'r rhai tlotaf. Hyderaf y deil yr Urdd hyn mewn cof.

A chan i mi sôn am ysgolion a diwylliant rhaid i mi resynu at bregeth y Canghellor Brown a gondemniodd un o golegau Rhydychen am wrthod derbyn o ysgol y wladwriaeth ferch gyda deg A serennog, a dderbyniwyd gan Brifysgol enwog Harvard, America. Os oherwydd rhagfarn y bu'r gwrthodiad mae yma bwynt. Ond pe gwnaethai'r Canghellor ei waith cartref gwelsai fod dau ar hugain o ymgeision am bum lle yn y coleg, a bod gan bob un ohonyn nhw ddeg gradd A serennog. Ac i ddewis rhyngddyn nhw cafodd pob un brawf ysgrifenedig a llafar a chael nad oedd y ferch, nac un ar bymtheg arall na chwynwyd yn eu cylch, yn y pump gorau – a dim ond lle i bump oedd yna. Ac felly – be 'di'r gŵyn?

Y ffaith amdani ydi fod gormod heb y cymwysterau

digonol yn cael eu derbyn i ormod o'n Prifysgolion, a'r cyfartaledd uchel sy'n ymadael yn gynamserol yn brawf o hynny. Ac mae safon a natur graddau Prifysgolion, gan gynnwys colegau Prifysgol Cymru, wedi mawr ddirywio. Ac y mae gormod o'n hysgolion mewn gormod o ddyled i fedru codi'r safonau i gael chwaneg o ysgolion y wladwriaeth i Rydychen a Chaer-grawnt. A nes cyfyd y safonau, felly yr erys pethau, a dim cynt. A fydd pawb ddim yn cael eu derbyn hyd yn oed wedyn oni lwyddir i iselhau digon ar safon y ddwy hen brifysgol.

CODI DANI

16 Medi 2000

Ychydig iawn bellach fedr ddwyn i gof Streic Gyffredinol Fawr dau ddeg chwech a ddaeth â'r wlad i stop. Prin y mae gen i, oedd yn hogyn ysgol o Eifionydd, gof o gwbwl amdani am mai ymylol oedd ei heffaith ar y cefn gwlad. Ond yn y cyfamser rydan ni wedi gweld gormod o ymrafaelion a streiciau a'u heffeithiau. Ond welodd neb sy'n fyw ddim tebyg i'r hyn ddigwyddodd yr wythnos yma – gweld yr holl wlad yn cael ei pharlysu gan ymgyrch a gychwynnwyd gan y Cymro Cymraeg o ffermwr o Gilcain, Clwyd, Brynle Williams, gyda dyrnaid o brotestwyr. Ymgyrch ddirybudd na threfnwyd mohoni'n wlad-eang, nad oedd nag undeb llafur, plaid na sefydliad tu ôl iddi – dim ond cynddaredd ffermwyr, gyrwyr loríau a cheir a gafodd lond bol o weld y pris gyda'r uchaf yn y byd ar yr olew yn dinistrio'u bywoliaeth. Roedd yr ymgyrch yn un seml, heddychlon, effeithiol, trwy bicedu'r purfeydd olew fel nad âi'r un dafn allan. Ymgyrch a ymledododd trwy Brydain heb berthynas swyddogol rhwng y gwahanol brotestwyr – dim ond teleffonau symudol. Cri yn erbyn anghyfiawnder y bygythir ei hailadrodd oni cheir ymateb teg.

Fe ddysgodd y brotest rywbeth i bawb, gan gynnwys y Llywodraeth. Fe'n hatgoffodd am ddibyniaeth pawb, a chefn gwlad yn arbennig, ar y petrol a'r disel a ordrethwyd gan y llywodraethau, gan godi prisiau popeth a gludir – sef popeth. Gyda'r esgus o helpu i leddfu peth ar ddifwyno'r amgylchedd, heb helpu o gwbwl, fe aed tros ben llestri i godi'r dreth olew, heb helpu chwaith i chwilio am rywbeth iachach yn ei le, gan ffaglu'r gwrthdaro a ddaeth.

Ac mi ddaeth ac mi aeth y brotest, ond nid ei holl ganlyniadau. A gwarthus oedd i Esso a chwmnïau llai godi dwy geiniog y litr ar betrol a phedair ar ddisel y dydd y daeth y brotest i ben gan orfod, o drugaredd, newid eu meddwl. Paradocsaidd hefyd oedd cofio fel y damniodd y ffermwyr, dro byr yn ôl, bopeth Ffrengig ond cofleidio eu hesiampl wrthryfelgar yn awr. Ond diolch i'r brotest ddarfod mewn pryd cyn tanseilio'r economi, peryglu bywydau cleifion ac addysg plant. Gan adael y Llywodraeth gyda phroblem a greodd iddi'i hun – sef sut i gwtogi'r dreth ar olew heb ei chynyddu ar rywbeth arall neu gwtogi ar y gwasanaethau cyhoeddus. Yn anffodus does yna'r un dim am ddim.

Fe ychwanegwyd at wneud hon yn wythnos i'w chofio, neu i'w hanghofio i mi, gan rywbeth heblaw prinder disel ar gyfer y car. Mi fydda i'n ceisio osgoi ychwanegu fy ngofidiau fy hun at ofidiau pawb ond fedra i ddim peidio'r tro yma am i chwyldro bychan ddigwydd yn fy mywyd i, er y buasech chi, mae'n debyg, yn ei weld yn ddim o bwys. Ond rydw i wedi cael fy nhynnu o fy rhych – y rhych amddiffynnol rydach chi'n gorfod swatio yno fo pan ydach chi'n byw ar ben eich hun, a phob newid yn rhywbeth i'w osgoi. Ac yn fy mywyd bach personol rydw i'n fwy o Dori na Wil Bach.

Un o fy hen arferion boreol fu deffro'n gynnar, gwrando ar y radio, codi am hanner awr wedi saith i nôl y papurau newydd o'r drws, gwneud paned o de a mynd yn ôl i'r gwely efo nhw. Felly y bu hi am o leiaf hanner can mlynedd, ble bynnag y bûm. Ac rydw i'n cofio'r papurau'n dod o dair siop wahanol yn Llanrug yma. Ond mi aeth y tair yn un a'r un yn ddim yr wythnos yma, gan fy ngadael heb wybod be i'w wneud yn y bore bach. Dim gwneud te hyd yn oed. Ac nid papur neu ddau fyddai'n dod. Y *Western Mail* o reidrwydd a'r *Daily Post* o hen arfer. Cael golwg ar *Golwg*, *Yr Herald* a'r *Cymro*. Dal i gael y *Guardian* am ryw reswm, heb sôn am yr *Observer* a'r *Sunday Times* trwm. Ond yn awr, o orfod hel fy nhraed i'r siop ar bob tywydd cyn dydd i'w nôl nhw, rwyf eisoes yn mynd yn fwy dethol. Mi fydd 'na rai o'r papurau yn mynd ac nid yn dod.

Mi fu darllen papurau newydd a chylchgronau gyda fy mhleser pennaf. Er, mae'r holl atodiadau sy ganddyn nhw bellach wedi mynd yn fwrn – ac yn faich hefyd. Dim ond er mwyn yr hysbysebion maen nhw'n bod. Be rown i am un papur bach taclus yn cynnwys pob peth fel roedd hi stalwm? A faint fwy rown i am gael un yn Gymraeg?

Mi gymerith gryn amser cyn y cynefinaf i â fy rhigol foreol newydd – gobeithio na chymerith hi ormod.

CYNRYCHIOLAETH GYFRANNOL

14 Hydref 2000

Wele'r Cynulliad Cymreig ac un yr Alban yn ailymgynnull gydag arweinydd newydd gan Blaid Genedlaethol yn y naill a'r llall, ond sefydliad yr Alban wedi dioddef ergyd galed a gorfod chwilio am ail Arweinydd wedi'r newydd syfrdanol am farwolaeth Donald Dewar, a wnaeth cyn gymaint i'w sefydlu ac i'w gynnal. Ac nid yn yr Alban yn unig y collwyd y gwleidydd diffuant, a gafodd deyrngedau rhyfeddol gan aelodau o bob plaid.

Ac yn awr y Cynulliad Cymreig yn ymdebygu'n fwyfwy i un yr Alban gyda'r bwriad o greu clymblaid lywodraethol rhwng Llafur a'r Democratiaid Rhyddfrydol, a ddaw'n ffaith os cytuna'r Rhyddfrydwyr mewn cwrdd tros y Sul yma. Yr elfen o bleidlais gyfrannol, lai pur na'r un Wyddelig, a achosodd i gyfansoddiad ein Cynulliad Cenedlaethol ni fod yr hyn ydi o. Mae'r rhan fwyaf o fy nghyfeillion i'n bartïol i'r math yma o bleidlais, sy'n un o gonglfeini maniffesto'r Rhyddfrydwyr, ac a gefnogir hefyd gan nifer o aelodau seneddol Llafur. Ac yn wir, roedd y drefn Wyddelig yn un a ffafriai Goronwy Roberts pan ddaeth yn Aelod Llafur etholaeth Arfon ar derfyn y rhyfel.

Medraf innau weld y tegwch mawr sydd yn y drefn am ei bod yn rhoi cyfle i gefnogwyr pob plaid, ac nid i rai'r blaid fwyafrifol yn unig, gael llais o ryw fath yn llywodraeth eu gwlad. Yr hyn sy'n tueddu i droi fy agwedd i'n fwy llugoer ydi'r ffaith fod yr Aelod Seneddol a etholir yn cynrychioli etholaethau sy'n rhy fawr, fel y digwydd yn Iwerddon, neu'n cael eu rhannol enwi, heb eu hethol, gan y gwahanol bleidiau megis mae'n digwydd yn yr Almaen – ac yn digwydd i draean aelodau'r Cynulliad Cymreig.

Ar ben hyn medr y drefn esgor ar sefyllfa lle nad oes un blaid gyda mwyafrif tros y gweddill, a llywodraethau clymbleidiol yn gorfod codi o ganlyniad gydag un neu ddwy o'r pleidiau lleiaf yn cael awdurdod anghytbwys – yr hyn sy'n digwydd yng Nghymru yn awr. Tuedda hefyd i greu llywodraethau byr eu parhad. Dan y drefn yn yr Eidal fe fu newid llywodraeth yn flynyddol, ar gyfartaledd, er diwedd y rhyfel.

Ac yr oedd de Valera, oedd yn fathemategydd ac yn un o sefydlwyr pleidlais gyfrannol ei wlad, yn edifarhau yn ei hen ddyddiau iddo wneud hynny gan y buasai'r hen drefn wedi sicrhau parhad ei blaid, Fianna Fáil, a sefydlodd, ac wedi creu llai o lywodraethau byrhoedlog clymbleidiol yn yr ynys.

Medrir gweld yn glir beth a olyga newid rhywfaint ar y drefn bleidleisio wrth sylwi ar yr effaith yng Nghymru. Dan yr hen drefn yn yr etholiad olaf ni ddewiswyd yr un Tori, cafwyd dau aelod Rhyddfrydol, pedwar Plaid Cymru a thri deg pedwar o Lafurwyr. Ond trwy i'r pleidiau eu hunain ddewis yn ddi-etholiad draean, sef ugain o aelodau'r Cynulliad ar sail y bleidlais bleidiol trwy Gymru, wele chwe aelod Rhyddfrydol, naw Tori a phedwar ar ddeg Plaid Cymru, gan adael Llafur gyda'r gweddill – tri deg un – mwyafrifol ond annigonol i fod yn fwy na chyfanrif y gweddill. Hynny'n golygu gorfod ffurfio llywodraeth y gallesid uno i'w dymchwel pryd y mynnid.

Cafwyd canlyniadau gweddol debyg yn yr Alban lle penderfynodd Llafur wneud bargen gyda'r Rhyddfrydwyr o'r dechrau i ddiogelu eu gafael ar y Cynulliad. A dyna mae Rhodri Morgan wedi ei wneud yn awr. Sy'n golygu y daeth Michael German, arweinydd y Rhyddfrydwyr, yn Ddirprwy Brif Ysgrifennydd, fel yn yr Alban, a sedd i ddau aelod o'r chwe Rhyddfrydwr yn y Cabinet, gan adael Plaid Cymru a'r Torïaid yn yr anialwch.

Doedd pawb yn y Blaid Lafur yng Nghymru ddim yn hapus efo'r fargen. Fe'i condemniwyd gan Llew Smith, yr Aelod Seneddol tros Flaenau Gwent, ac aeth Tom Middlehurst cyn belled ag ymddiswyddo o Gabinet y Cynulliad. Ni ofidiai'r Cymry Cymraeg yn ormodol am hyn am mai'r di-Gymraeg hwn oedd yn gyfrifol am yr iaith, a'i fod yn debygol o golli ei swydd p'run bynnag mewn ad-drefniant, a rydd gyfle i Rhodri Morgan ddewis Cymro Cymraeg i ofalu am ei heniaith.

Mi fu yna fwy o brotestio am yr uniad gan y Rhyddfrydwyr, gan gynnwys yr hen wariar, yr Arglwydd Geraint, sy'n synhwyro y gallasai bargen ei blaid brofi'n gostus iawn yn yr etholiad nesaf. Ond dibynna'r cyfan ar benderfyniad Rhyddfrydwyr Cymru tros y Sul a fydd yna, er gwell neu er gwaeth, lywodraeth glymbleidiol ynteu fydd yna ddim.

STREIC Y PENRHYN

10 Chwefror 2001

Y newyddion da'n gyntaf: chwe chant o swyddi newydd i ddod i waith Ford ym Mhen-y-bont. Dim cystal newydd gan ein tîm rygbi. Yr unig wahaniaeth a wnaeth hyfforddwr a maes newydd i hwnnw oedd cael mwy nag erioed i weld Cymru'n cael cweir!

Os mai dyddiau tyngedfennol i'n gweithwyr dur ydi hi, dyddiau du oedd hi i'n chwarelwyr gan mlynedd yn ôl, pan aeth tair mil o weithwyr chwarel lechi'r Penrhyn, Bethesda, ar streic tros egwyddor – streic a barhaodd am dair blynedd. Canmlwyddiant a anwybyddodd gwasg Lloegr.

Ond mi gofiodd Cymru, ac mae'r hanes yn aros yn glais yn Nyffryn Ogwen, lle mae'r cof yn un hir. Ac i'n hatgoffa o'r aberth fawr a fu y neilltuwyd rhaglen deledu *Dechrau Canmol* y Sul diwethaf. Ac yn ddiweddar dangosodd y rhaglenni gryn ddyfeisgarwch gyda'r rheiny oedd â lleiaf o emynau cyfoes yn cael y croeso mwyaf.

Ond, er cystal y canu, clytwaith oedd rhaglen nos Sul gyda'i chyflwyniad o'r emynau a genid gan y chwarelwyr a'u teuluoedd adeg y streic fawr. Yr hyn a gafwyd oedd rhaglen rad a phob nodyn cerdd ynddi wedi'i recordio gynt yn rhywle, a heb yr un cyfraniad o gwbwl o gapel yn Nyffryn Ogwen. Pam ar wyneb daear na chafwyd Côr y Penrhyn a'r gynulleidfa o gapel Jerusalem, Bethesda, sydd gyda'r godidocaf yng Nghymru?

A doedd agor y rhaglen trwy ganu emyn mawr Emrys, 'Arglwydd, gad i'm dawel orffwys / Dan gysgodau'r palmwydd clyd' ar y dôn 'Arwelfa', a gyfansoddodd John

Hughes flynyddoedd wedi i'r streic ddod i ben, mo'r ffordd orau i greu rhywfaint o awyrgylch yr hen amgylchiad. Ond cafodd Côr y Penrhyn ganu emyn mawr y streicwyr ar yr hen alaw Gymreig, 'Jabez', fel y'i cenid gynt. Dyma oedd arwyddgan y streic, a'r unig bennill â chysylltiad uniongyrchol â'r gwrthdaro, sef

'O! Arglwydd Dduw rhagluniaeth
Ac iechydwriaeth dyn,
Tydi sy'n llywodraethu...'

Ie, Tydi, yr Arglwydd amgenach nag Arglwydd Penrhyn, perchennog y chwarel:

'Tydi sy'n llywodraethu
Y byd a'r nef dy Hun.'

A'r geiriau proffwydol sy'n dilyn:

'Yn wyneb pob caledi
Y sydd neu eto ddaw,
Dod gadarn gymorth imi
I lechu yn dy law.'

Ac *an*adnabyddus, nid *Ann* Griffiths, fel y dywedwyd, ydi awdur y pennill yna. Ann biau'r pennill arall a ychwanegwyd ato yn y llyfrau emynau diweddarach, sef, 'Er cryfed ydyw'r gwyntoedd / A chedyrn donnau'r môr.'

Yn ystod y Streic Fawr gwnaed defnydd o emyn arall a ddaeth yn boblogaidd iawn wedi cefnogaeth gan y *Daily News* a chwmni bwyd o Loegr. Ar y Nadolig anrhegwyd cartrefi yn Nyffryn Ogwen – lle'r oedd chwarelwyr ar streic – â phwdin Dolig. Yr hyn a ysbrydolodd, os dyna'r gair, barodïo emyn Dafydd Jones o Gaio, 'Wele cawsom y Meseia', i:

'Wele cawsom ym Methesda
Bwdin Dolig gorau rioed,
Dwedodd Moses a'r proffwydi'n
Hir amdano cyn ei ddod.
Pwdin yw, o bob rhyw,
Cyrains a resins a wyau dryw.'

Pan oeddwn i'n un o blant ysgol gynradd Llangybi yn Eifionydd roeddan ni i gyd yn gwybod y parodi ar y cof er nad oedd yr un ohonom erioed wedi gweld chwarel. Ac wrth odre'r Wyddfa roedd gweithwyr chwarel lechi fawr Dinorwig wedi clywed am y pwdin a'r parodi, ac wedi parodïo'r parodi i:

'Wele cawsom ym Methesda
Bwdin Dolig gorau rioed,
Margiad Elin fu'n 'i syrfio,
Plât a syrthiodd ar 'i throed.
Syndod yw, ia wir Dduw,
Fod Margiad Elin eto'n fyw.'

Ond prin y gellid disgwyl i'r naill barodi na'r llall ymddangos ar raglen *Dechrau Canu* – nac yn y Llyfr Emynau newydd chwaith.

Ac yr oedd gan chwarelwyr Dinorwig hefyd eu harwyddgan eu hunain. Pennill o emyn ydoedd, geiriau Williams Pantycelyn a thôn 'Bryn Calfaria', William Owen Prysgol, a ddaeth i ffermio yn y fro o Ddyffryn Ogwen. Ac fe genid y geiriau ar y dôn yng nghyrddau etholiadol Goronwy Roberts yng ngodre'r Wyddfa mor ddiweddar ag etholiad fawr pedwar deg pump. Ac fel mae 'na gic i Arglwydd Penrhyn yng nghân Bethesda, mae 'na gic i sgweiar y Faenol yng nghân Dinorwig yn y cyfeiriad at Satan sydd yn y pennill:

> 'Ymddiriedaf yn dy allu,
> Mawr yw'r gwaith a wnest erioed;
> Ti gest angau, ti gest uffern,
> Ti gest Satan,' (ie, Satan) 'dan dy droed.'

Fe erys y chwarel ym Methesda, ond nid ar ei hen raddfa, ond mae'r gweddill o chwareli mawr Gwynedd a'u Cymreigrwydd wedi mynd gan adael ar ôl y tomenni – a'r tlodi.

MOSES A CARWYN

7 Ebrill 2001

Wele'r clwy wedi effeithio ar dros fil o ffermydd i orfodi Blair i ohirio Etholiadau Lleol o Fai y trydydd i Fehefin y seithfed – sydd ddim yn effeithio ar Gymru am nad oes yma etholiadau lleol eleni. A chan y byddai'r Etholiadau Seneddol ar yr un pryd, teg holi a ydi mis yn mynd i wneud unrhyw wahaniaeth. Ond bellach, gyda hyd yn oed gymdogaeth dda'r cefn gwlad dan straen, gweddïwn am ymwared â'r aflwydd.

Un sefydliad y mae'r clwy wedi difrifol effeithio arno gyda sydynrwydd sy'n codi cwestiynau ydi'r Urdd, sydd mewn hanner miliwn o ddyled. Eisoes bu rhaid gohirio'r Brifwyl ac yn awr, ar wahân i golli swyddi, mae pencadlys y mudiad yn Aberystwyth ar werth – er y bu cynlluniau i godi pencadlys newydd costus ddwy flynedd yn ôl. Hyd yn oed eiddo'r Urdd i ddod ar y farchnad. Ai'r clwy yn unig sy'n gyfrifol?

Mae gen i ddiddordeb arbennig yn un o eiddo'r Urdd, fferm Dinas Ddu yn Aberglaslyn, y dywedwyd yn y *Cambrian News* bod y tŷ fferm mewn cyflwr cywilyddus. Yn ewyllys hen berthynas i mi y daeth y fferm i'r Urdd, gyda'r addewid clir ei bod yn rhaid ei gosod i deulu Cymraeg – a alwodd y *Western Mail* yn hiliaeth. Rydw i yma wedi tynnu sylw fwy nag unwaith at fethiant yr Urdd i'w gosod i denant yn hytrach na gosod y tir yn unig a gadael i'r tŷ ddirywio. Sy'n tanseilio'r rheswm tros wneud yr anrheg – sef cael teulu Cymraeg i gryfhau cymdeithas Gymraeg ddarfodedig godre'r Wyddfa. O werthu'r fferm, torrid amod yr ewyllys hefyd.

I droi at golled arall – Brinley Rees, fu'n ddarlithydd yn y Gymraeg yn y brifysgol ym Mangor. Ysgolhaig Cymraeg a Saesneg. Awdur *Dulliau'r Cerddi Rhydd* a, gyda'i frawd colledig, Alwyn D. Rees, awdur *Celtic Heritage* a enillodd sylw rhyngwladol.

A chyfrol newydd sy'n rhoi sylw cydwladol i'r Gymraeg ydi trosiad i'r Eidaleg gan y Doethur Francesco Benozzo, sy'n darlithio yn y Brifysgol yn Aberystwyth ar y funud, o'r 'Gododdin', arwrgerdd Gymraeg Aneirin o'r chweched ganrif, sy'n coffáu'r trichant o filwyr aeth i gwrdd â'r gelyn i Gatraeth, heb ddychwelyd. Cyhoeddir y gyfrol ym Milan, lle cyhoeddodd Gruffydd Robert, a hanodd fe gredir o Eifionydd, un o'r llyfrau Cymraeg cynharaf. Ar y pryd roedd yn Ganon yn Llys yr Archesgob ym Milan yn un pump chwe saith, pan gyhoeddwyd ei gyfrol Gymraeg, ei *Ddosparth Byrr ar y rhann gyntaf i ramadeg cymraeg*.

Ac yma yng Nghymru gyda hyn fe gyhoeddir ychwaneg o'n cyfoeth ar gyfer y byd, sef trosiad o farddoniaeth Dafydd ap Gwilym i'r Saesneg gan y diwyd Athro Gwyn Thomas yn ei ymddeoliad. Tasg sydd ymhell o fod yn hawdd.

Un cip ar y byd mawr tu allan cyn tewi. Un cwestiwn. Pe bai awyren ysbïo Tsieineaidd wedi ei gorfodi i lanio ar ddaear yr Unol Daleithiau, be fuasai agwedd yr Arlywydd Bush at hynny o beth?

Ac yr ydw i wedi cadw'r newydd da sydd gen i tan yr olaf. O'r diwedd mae'r Cynulliad yn dechrau dangos ei ddannedd. Fel y mae yna ar bopeth, mae yna fflyd o blaid a fflyd yn erbyn arbrofion y cnydau genynnol, gan gynnwys fflyd sy'n fy nghynnwys innau, sydd ddim yn gwybod digon amdanyn nhw i agor ein cegau. Ond fe benderfynodd y Cynulliad nad oedd yr arbrofion yma i'w cynnal yng Nghymru heb gael llawer mwy o sicrwydd eu bod yn ddi-beryg. Eto fe fu yna *un*, am na fedrai biwrocratiad yn Llundain, sy'n meddwl eu bod yn gwybod pob peth, ddarllen map a ddangosai fod yr arbrawf hwnnw ar gae fferm yn Lloegr oedd tros y ffin yng Nghymru.

Ond yn awr ychwanegwyd trahauster at anwybodaeth. Mae'r Weinyddiaeth (â'r rhyw fath o Gymro, John Prescott, yn ben bandit arni) wedi penderfynu arbrofi gyda india corn genynnol ar ddau gae ym Mhenfro ac un yn Sir y Fflint, hyn ar waethaf penderfyniad y Cynulliad nad oedd arbrofi i fod yng Nghymru.

A'r newydd da ydi bod Carwyn Jones, Gweinidog Amaeth trafferthus y Cynulliad, am ymladd yn erbyn y penderfyniad. Arwydd y medr ein Cynulliad, wedi'r cyfan, gyfrif a'i fod yn barod, y Cynulliad a Carwyn, i ddweud wrth Lundain a Prescott yr hyn a waeddodd Moses, meddan nhw, wedi croesi'r Môr Coch – Twll dy din di, Pharo!

GWENWYN

23 Mehefin 2001

Fe lwyddodd ymgeiswyr pob plaid yn y lecsiwn i lwyr anwybyddu bygythion y mewnlifiad i'r Gymraeg yn ei chadarnleoedd. Ond erys y problemau, a chafwyd rhai cynlluniau ymarferol yn awr gan Blaid Cymru i ymdrin â'r argyfwng yng nghefn gwlad Cymru – argyfwng sy'n un economaidd a ieithyddol, na fedrir eu gwahaniaethu. Mae pob cam yn haeddu croeso, ond a yw hyn yn mynd i arafu'r mewnlifiad sy'n fater arall.

Ond pan benderfynodd Cymuned sefydlu mudiad a ganolbwyntiai ei holl egni ar argyfwng y mewnlifiad dechreuodd y gwenwyn, sy'n elfen anffodus yn y Blaid Lafur Gymreig, gael ei dywallt i'r potes. Mae yna hen arwyr Llafur fu'n gyfeillion i'r Gymraeg, fel Jim Griffiths, Dai Grenfell, S. O. Davies a rhai diweddarach fel yr Arglwyddi Cledwyn a Prys Davies. Ac mae 'na rai y bydd Cymuned yn gorfod wynebu eu rhagfarn a'u hatgasedd.

Cafwyd rhagflas o'r gwenwyn yn y *Welsh Mirror* Llafurol wythnos yn ôl. Mewn erthygl olygyddol ddeuddeg llinell dywed ar y naill law fod y Gymraeg dan fygythiad ac angen amddiffyniad arni – ond na ddylai fod yn elfen ymrannol. Ond yn y ddalen nesaf, dan y pennawd *'Welsh Apartheid'*, ymosodir ar Cymuned cyn iddo gael ei sefydlu am ei fod yn galw, meddir, am y swyddi a'r cartrefi gorau i Gymry Cymraeg a gwahardd siaradwyr Saesneg rhag prynu tai. Ar ben hyn, dau lun mawr o ddau Gymro gyda'r pennawd, 'Mae'r dynion yma am sicrhau na fedr y Saeson fyw na gweithio yng Nghymru.' A phwy ydi'r ddau? Yr ardderchocaf Feredydd Evans a'r bardd, Iwan Llwyd. Dyma'r math o ddirmyg y bydd yn rhaid ei ddioddef am fynnu ceisio diogelu iaith ein tadau.

Ac yr ydw i am orffen efo stori arall y ceisiaf ei chywasgu i bwysleisio maint a natur y gelynion. Stori Dafydd Glyn Jones, un o'n hysgolheigion blaenaf a'r mwyaf gwreiddiol a direidus o'n sylwebyddion; amdano fo ac un o bwyllgorau'n Cynulliad Cenedlaethol.

Ar yr ail ar bymtheg o Fai fe'i *gwahoddwyd*, sylwer, i annerch Pwyllgor Ymchwilio i'n Haddysg Uwch yn y Cynulliad. Eisoes yr oedd wedi cyflwyno i'r aelodau bapur a baratôdd yn arbennig ar eu cyfer, ynghyd â phedair erthygl ysgolheigaidd wedi eu trosi i'r Saesneg a ymddangosodd yn *Y Traethodydd* a'r *Faner Newydd*, ar yr angen i sefydlu Coleg Prifysgol Ffederal Cymraeg a phynciau cysylltiol.

Gydag aelodau'r Pwyllgor – y cafodd Cynog Dafis y dasg anghysurus o'i gadeirio – wedi cael cyfle ymlaen llaw i astudio'r cyfraniadau, cafodd Dafydd ddeng munud i grynhoi ei safbwyntiau i'r Pwyllgor. Yn dilyn roedd awr gan y pwyllgorwyr i holi cwestiynau. Ond yr hyn a gafwyd, diolch i arweiniad Huw Lewis, Aelod Cynulliad Llafur Merthyr, un o gyn-ysgrifenyddion Plaid Lafur Cymru, *'specialist in Plaid bashing'* yn ôl y

Western Mail, oedd ymosodiad cignoeth ar gyfraniadau Dafydd Glyn a'i ieithwedd, ac aeth cyn belled â galw am i'r Pwyllgor ddiystyru ei holl dystiolaeth a hyd yn oed beidio â chofnodi iddo ddod ar gyfyl y lle.

Ymddengys y bu'n rhaid i fargyfreithiwr o adran Llywydd y Cynulliad gynghori y buasai gwneud y fath beth yn anghyfreithlon. O ganlyniad ceisiwyd dadlau nad oedd tystiolaeth Dafydd Glyn i'w thrafod ymhellach o gwbwl. Ond yn y diwedd bu'n rhaid bodloni, os dyna'r gair, ar sensro rhai talpiau o'i dystiolaeth, gan gynnwys darn mor ddiniwed â sylw o'i brofiad fod rhai darlithwyr ym Mangor pan oedd e'n fyfyriwr yno yn salach na'i gilydd, ond *at* ei gilydd yn well na rhai mewn coleg uwch lle y bu (heb ei enwi, ond at Rydychen y cyfeiriai).

Canolbwyntiwyd yr ymosodiad ar Dafydd Glyn a'i safbwyntiau gan aelodau Llafur y Pwyllgor, oedd yn y mwyafrif ac yn cynnwys y Gweinidog Addysg. Bu'n rhaid i Ieuan Wyn Jones alw yn y Cynulliad, lle methodd â chael pleidlais o gerydd ar Huw Lewis, am ganllawiau a ofalai na welid ailadrodd y fath sefyllfa byth eto. Sefyllfa a wyrdrôdd un o sefydliadau'n Cynulliad Cenedlaethol yn syrcas anoddefgar, annerbyniol gan amharchu'r symlaf o'r hawliau dynol – yr hawl i ddinesydd, yn arbennig felly un wedi ei wahodd, i gael dweud ei farn ei hun yn ei ffordd ei hun, hawl mae gwerin Cymru yn haeddu cael gweld ei anrhydeddu, hynny o leiaf gan ei llywodraethwyr.

CARU GELYNION

30 Mehefin 2001

Os llwyddwyd gan bob plaid i sgubo effeithiau'r mewnlifiad ar y Gymraeg a'r diwylliant o dan y carpedi yn ystod ymgyrch yr etholiad, mae'n awr, diolch i ymateb y werin a'u cynhaliodd hyd yn hyn, wedi ei atgyfodi a'i sodro ar ganol y llwyfan gwleidyddol Cymreig. Ac fe'i cedwir i losgi yno yrhawg.

Ac os edrychwch tros y ffin fe gewch yr un pwnc, yn ei wahanol agweddau, yn cyfoes gynhyrfu'r dyfroedd. Codwch eich golygon at Balesteina a Gogledd Iwerddon, a chyda Chymru mi gewch un arall o'r trioedd gyda hen anniddigrwydd yn codi protest newydd, a chyda'r un anhawster gan y tair gwlad i weld sut yr ymdawela.

Mae yna bethau sy'n gyffredin ac sy *ddim* yn y problemau yng Nghymru a'r rhai yn Israel ac yn Ulster. Yn gyffredin – mewnlifiad yn tanseilio bywyd a diwylliant y lleiafrif brodorol yn y tair gwlad.

Ym Mhalesteina ac Iwerddon mae 'na hefyd wrthdaro crefyddol yn gysylltiedig. Ac mae'r hyn sy'n digwydd yn y ddwy wlad yna yn digwydd yn fwriadol, neu wedi gwneud hynny, gyda'r bwriad o arglwyddiaethu ar y lleiafrif brodorol a meddiannu eu hetifeddiaeth a dinistrio eu diwylliant.

Yng Nghymru dydi'r mewnlifwyr ddim yma'n fwriadol i'n hamddifadu ni'r Cymry o'n hiaith, ond, yn orsyml, yma am ei bod yn broffidiol iddyn nhw'n bersonol ddod yma. *Effaith* y fenter broffidiol ydi tanseilio'r iaith, nid y *bwriad*. Ond yr un ydi'r difrod.

Ac un elfen gyffredin ym mhroblemau'r tair gwlad

ydi'r anhawster enfawr i ddarganfod datrysiad boddhaol iddyn nhw.

Yn Israel, rhan yn unig o'r broblem ydi crefydd. Cyfran a welir ar ei eithaf yn hen ddinas Jeriwsalem. Fe'i hystyrir gan yr Iddewon fel y gwerthfawrocaf o berlau'r hen etifeddiaeth, ond y mae gan y Palestiniaid Moslemaidd hefyd rai o'u safleoedd sancteiddiolaf tu mewn i'w muriau. Sut mae rhannu'r ddinas rhwng y ddwy blaid ddig sy ddim yn eglur.

Pan sefydlwyd Israel ni chymerwyd i ystyriaeth gan y gwleidyddion yr holl broblemau a godai hynny – yn arbennig hawliau'r Palestiniaid brodorol yn y wlad oedd bellach yn henwlad iddyn nhw. Daeth datrys y problemau hynny, sy'n dal i achosi'r fath gynnwrf a'r fath ladd, yn gyfrifoldeb i'r Iddewon. A medrir deall agwedd Israel, os methir â'i derbyn, pan gofir ei bod wedi'i hamgylchynu gan drigain miliwn o Arabiaid digroeso a fedrai ddwyn ei bodolaeth fel gwlad i ben oni bai am gefnogaeth, gydag arfau rhyfel ag ati, gan America, lle mae'r Iddewon mor ddylanwadol – fel y maen nhw mewn sawl gwlad.

Hyn oll yn ogystal â'r ffaith mai dyma'r genedl fach fwyaf dioddefgar ac athrylithgar yn y byd, gyda medr i oroesi na bu ei gyffelyb ac a lwyddodd i greu gwyrthiau yn yr henwlad a etifeddwyd, gan gael ei chrastir i flodeuo megis gardd a gwneud i Gynulliad newydd Cymru ymddangos yn chwarae plant.

Pe medrai Iddewon anghofio am y cyfeiriad at lygad am lygad a dant am ddant yn yr Hen Destament, a cheisio cofio'r adnod arall am garu'ch gelynion, neu o leiaf geisio eu deall, buasai'n lot o help.

Nid bod yna cyn gymaint â hynny o'r Testament Newydd yn stori Gogledd Iwerddon chwaith. Ac mae'r holl anrhaith a fu yno, lle llwyddwyd i fwy na heb ddifa iaith a hen ddiwylliant, yn anfadwch hollol fwriadol gynlluniedig. Aeth Lloegr cyn belled â pharselu tiroedd y Gwyddyl i Brotestaniaid o Saeson a Sgotsmyn, gan roi'r hyn a elwid heddiw yn grantiau i sefydlu eglwysi Protestannaidd ynghanol y cymdeithasau Catholig Gwyddelig. Creu sefyllfa a olygodd mai canu 'God Save the Queen' a wnaeth y Parchedig Ian Paisley pan enillodd ei sedd yn y lecsiwn.

A'r ffaith bod y Protestaniaid yn Ulster y dyddiau yma yn merwino clustiau'r Gwyddelod Pabyddol wrth ymarfer gyda'r pibau ar gyfer y gorymdeithiau difaol sydd ar ddod, i jarffio cofio am orchfygu'r Gwyddelod, nid yn rhywbeth i'w ddathlu gyda'r bib a'r drwm a'r het galed ymhen cenedlaethau – canrifoedd yn wir – ond rhywbeth i gywilyddio o'i blegid. Ac yma mae'r difrod wedi ei wneud.

A'r cwestiwn sy'n aros yn Iwerddon, yn Israel, yng Nghymru – be 'di'r ateb i hyn oll? Ac, a geir gafael arno mewn pryd?

BRIWIAU

1 Medi 2001

Yr oeddan ni wedi dechrau mynd i feddwl bod hanes y clwy'r traed a'r genau, yn ogystal â'r cyhuddiadau o hiliaeth yn erbyn Cymry Cymraeg, trosodd a bod y dyddiau cŵn wedi'n cyrraedd o'r diwedd. Ond doeddan nhw ddim.

Ond mi ddechreua i yn yr haul. Rhaid bod clerc y tywydd yn hepian am unwaith, gan i Sul a Llun Gŵyl y Banc alw heibio heb ddiferyn oddi uchod. Ac mi oedd y teulu bach o Gaerdydd, y tad a'r fam a'r ddwy wyres, wedi galw i weld Taid, ac mi gawsom agoriad llygaid ar ein mân deithiau.

Bnawn Sul, pan ddylasem o bosib fod yn y capel, mi grwydron hyd Ddinas Dinlle. Dros y dŵr glas roedd traethau aur Môn, oedd yn ddigon agos i Ddinas Dinlle hefyd i fod dan gyfyngiadau mawr oherwydd y clwy fu ar dirion dir yr ynys. Ond bellach roedd 'na groeso i bawb yno, ac fe ymddengys fel pe *buasai* pawb yno – mwy nag a welais i o ymwelwyr a llai o le nag a welais i erioed i barcio car. Rhyw fath o normalrwydd wedi dychwelyd ar ei ganfed.

Ddydd Llun dyma hel i'r ynys ei hun, am y tro cyntaf i mi er i'r clwy daro yno. Mynd i'r Traeth Coch, lle treuliodd Goronwy Owen lawer o'i hamdden cynnar yn ei hyfrydwch. Roedd y llanw allan a thywod y trai yn ymestyn am filltiroedd hyd yr hafan dawel. Ond nid mor ddistaw ar y lan lle eto prin y medrech barcio car.

Oddi yno troi tuag adref trwy Lanberis, sydd wrth y drws. Mangre arall a deimlodd ergyd y clwy, ond nid y dydd Llun diwetha. Prin fodfedd i barcio a'r llyn a'i gyffiniau dan ei sang. Dim ffair bleser i ddenu yma chwaith, dim ond cyfaredd y llyn a'r mynyddoedd mawr. Ac arwydd arall fod cefn gwlad Gwynedd o leiaf yn cael mwynhau mymryn o lewyrch o'r diwedd.

Ond dyna'r Ŵyl Banc a'i mwyniant trosodd a'r teulu

bach yn troi'n ôl am Gaerdydd wedi cinio ddydd Mawrth. Ond ar y radio cyn brecwast, ychwaneg o'r newyddion nad oeddan ni am eu clywed. Nid yn unig bod clwy'r traed a'r genau yn dal i dorri yng ngogledd Lloegr ond fod 'na o hyd bobol yng Nghymru sy'n dal heb rywbeth amgenach i'w wneud na chyhuddo eu cyd-wladwyr, sy'n ymboeni am y bygythiadau i einioes yr iaith Gymraeg, o fod yn rhai hiliol. Tro David Davies, un o'r cynrychiolwyr Toriaidd yn y Cynulliad oedd hi'r tro yma, a Beca Brown oedd y targed.

Rhag ofn na chlywsoch chi, yr hyn a fygythiodd David Davies oedd ei fod am anfon cwyn am erthygl a ystyriai'n hiliol gan Beca Brown yn *Barn*, i'r Comisiwn Cydraddoldeb Hiliol bondigrybwyll ac i'r Heddlu, ceisio'i hatal rhag ymddangos ar S4C ac atal y grant i'r cylchgrawn *Barn* am gyhoeddi'r ysgrif lle datganodd Beca fod yna Saeson mae hi yn eu casáu.

Mae David Davies, a rhaid ei ganmol am hynny, fel Beca, wedi dysgu Cymraeg, ond yn amlwg ddim yn darllen *Barn* neu ddim yn ei ddeallus ddarllen. Ond gadewch i ni gael un peth yn glir yn gyntaf. Fe ymddangosodd erthygl Beca Brown yn y rhifyn dwbwl o *Barn* fis yn ôl, ond yn awr ar y dyddiau cŵn y daeth y *Wales on Sunday* a David Davies ar ei thraws, gyda drabiau ohoni wedi rhyw fath o'i throsi i'r Saesneg.

Ysgrifennwyd yr erthygl mewn ysbryd dipyn bach yn smala a phryfoclyd. Dydw i ddim bob amser wedi cytuno â Beca Brown ar bob peth. Ond y mae ganddi hi hawl i'w barn a mae 'na fynyddoedd o flynyddoedd rhyngom ni. Hawl i'w barn am fewnfudwyr i Gymru ar ddyddiau pan mae 'na fewnfudwyr i Loegr yn y jêl yng Nghaerdydd, neu wedi eu dal yn y twnnel!

Mae Beca Brown ifanc yn cychwyn ei herthygl trwy herfeiddiol ddatgan, 'Dwi'n Gymraes a dwi'n hiliol'. Ond darllenwch ymlaen gan weld ei chonsýrn am y bobol ddu a'i henghraifft o'i hanes ei hun pan gywilyddiodd ei bod yn Gymraes. Ac fe derfyna trwy gondemnio hiliaeth, sy'n ei gwneud yn anoddach fyth i'w chondemnio hi.

Dywed ei bod yn casáu'r hyn a wneir i ddinistrio'r iaith Gymraeg a'r bywyd gan Saeson, a dim ond duwiau fedr gasáu'r hyn a wneir heb gasáu'r rhai sy'n ei wneud. Mae 'na bobol yn casáu plaid David Davies yng Nghymru i'r fath raddau fel na fedrodd yr un ohonynt gyrraedd Senedd Llundain. Hyn heb gasáu Toriaid unigol. A faint o gariad sydd gan y Sant David Davies at Blaid Cymru neu Lafur? Ac a ydi ei gasineb yn ei droi'n hiliol? A chafodd A. A. Gill ac Anne Robinson ddihangfa a thragwyddol heol yn y cyfryngau i enllibio'r Cymry heb reswm.

A beth mewn difri calon ydi pwrpas mynd yn awr ar ôl stori sy'n fis oed na chwynodd neb arall yn ei chylch? Codi hen grachen heb adael unrhyw un ar ei ennill.

TRESBASU

27 Hydref 2001

Mae tair gwlad yn hawlio prif benawdau'r wythnos a rhyngddynt ddirfawr gyfrifoldeb am dynged rhan helaeth o'r ddynoliaeth. A'r tair ydi Affganistan, Israel ac

Iwerddon, lle cododd problemau dyrys ag elfen ddiwinyddol gref ac anatebadwy ym mhob un ohonyn nhw. Daeth llygedyn o oleuni o ryw fath ar broblem Iwerddon pan benderfynodd yr IRA ddinistrio – datgomisiynu ydi'r gair mawr – cyfran o'u harfau, er nad oes fanylion ar gael pa arfau a pha faint a ddifethwyd, na pha faint sydd yna ar ôl. Ond bu'r weithred yn ddigon, fe hyderir, i greu digon o gyd-ddealltwriaeth i ddal i gydweithredu yn y math o senedd sydd gan Ogledd Iwerddon. Ond parhad ydi hyn o'r ymgais i ddatrys problem Iwerddon heb i hynny olygu un Iwerddon, sydd ddim yn debygol o fod yn bosib.

Llygedyn o ryw fath o oleuni yn Israel hefyd, gyda'r posibilrwydd o sefydlu gwladwriaeth Balesteinaidd o leia'n destun trafod. Ond agwedd rhai o arweinwyr Israel at y Palestiniaid yn peryglu nid yn unig yr heddwch yn Israel, ond yn y byd. A wna i ddim dyfynnu be galwodd Richard Ingrams nhw yn yr *Observer*.

Ond gyda milwyr yn dechrau cael eu traed ar ddaear Affganistan druan, sut le i ryfelwyr ydi'r fan honno? Un o fy hen ffrindiau a chyd-weithiwr brwdfrydig ar *Y Cymro* gynt ydi Geoff Mathews. Un o Ben-y-groes yn Ne Cymru ond yn awr ym Mhen-y-groes, Dyffryn Nantlle, ac aelod o deulu Alwyn D. Rees a'i frawd, Brinley Rees, fu'n ddarlithydd yn Adran Gymraeg Coleg Bangor, a gollwyd yn ddiweddar, a Dan Mathews, y dramodydd. Ond cyn ymuno â'r *Cymro* bu'n rhaid iddo, yn un ar hugain oed, ymuno â'r fyddin ac ar y nawfed o Ionawr, 1941, roedd ar fwrdd y llong gludo *Ettrick*, a suddwyd ym Môr y Canoldir ymhen dwy flynedd, ar ei ffordd i'r Dwyrain. Cyrraedd Bombay ymhen tair wythnos, yna ar y trên ar siwrnai faith i un o bencadlysoedd y Fyddin Brydeinig ym Meerut, gerllaw Delhi, lle cychwynnodd gwrthryfel mawr yr Indiaid yn 1857. Wedyn ar daith fwy dyrys fyth i Fwlch y Khyber – y Khyber Pass enwog ar gyrion eithaf Affganistan. Ac yno y bu am bum mlynedd ac yr adroddodd beth o'r hanes yn y papur bro, *Lleu*.

Cyn cychwyn ar y siwrnai tua'r Bwlch caed ymarfer ym Meerut ar sut i drin bomiau mortar, taflu *grenades* a meistroli gwn Bren, oedd yn ddigon ysgafn i'w gario ar eich ysgwydd ac yn medru tanio chwech ugain o fwledi'r funud – ac yn hanfodol i filwr yn y Khyber.

Roedd y daith tua'r Bwlch yn un fythgofiadwy. Mynd trwy ddyffrynnoedd gwyrddion lle cynaeafid cnydau o rawn a betys siwgr a chotwm, ac y cynhyrchid carpedi a nwyddau sidan. Ond stori wahanol iawn oedd honno ar y ffyrdd troellog peryglus tros y mynyddoedd creigiog nes cyrraedd y nod, sef gwersyll Razani – bedair mil ar ddeg o droedfeddi uwchlaw'r mor – rhyw bedair gwaith uchder y Wyddfa, mangre hollol ddiffaith anghysbell heb flewyn glas yn y golwg yn unman, dim ond cerrig lle teyrnasai'r hebog a'r sgorpion a'r neidr gantroed reibus.

Mewn talaith o Affganistan o'r enw Waziristan y codwyd y gwersyll, gyda wal gerrig a gynnau arni, o'i gwmpas. O'i fewn, milwyr Sikhaidd, Gurkaidd, Indiaidd, unedau signals, gofalwyr y mulod ac ati, a'r gelynion brodorol oedd dau lwyth y Pathaniaid, y Waziriaid a'r Mashudiaid gyda'r un iaith, Pushtu.

'Gwasgarog fyddai'r ymladd, gyda'r rhybudd i bawb i beidio â bod byth ar eu pennau eu hunain ar y mynyddoedd. Yn union cyn i ni gyrraedd,' meddai Geoff, 'roedd chwech o'n bechgyn wedi eu lladd gan y

Pathaniaid mewn munudau heb danio ergyd, a medrai merched y Pathaniaid fod mor llofruddiog â'r dynion.

'Y gorchwyl mawr oedd cadw'n agored a diogel y ffordd uchel a gysylltai Pacistan ac India. Ar ddyddiau arbennig yn unig – a cheisid cadw'r rheiny'n ddirgel – y byddai'n agored i deithwyr a moduron ag ati.

'Yr hafau'n annioddefol o boeth a'r gaeafau'n annioddefol o oer, a byddai'n rhaid cadw dryll wrth eich ochr ddydd a nos. Roedd gan y Pathaniaid i gyd eu drylliau er pan oeddynt yn ddeg oed. Deuai cwmni i ddangos hen ffilmiau Americanaidd yn achlysurol. Dim diddanwch arall. Byw mewn ofn yn y mynyddoedd mawr o ddydd i ddydd am bum mlynedd, ac wedi cyrraedd adre gorfod sylweddoli,' medd Geoff, 'mai estroniaid oeddem fu'n tresbasu ar diriogaeth llwythau brodorol oedd yn amddiffyn eu cynefin.' A holi – a ydan ni, ac ydi rhywun, rhywfaint gwell o'r herwydd?

IFAS

1 Rhagfyr 2001

Na, dydw i ddim yn mynd i ddweud un gair am Affganistan, achos mae gynnon ni ddigon i boeni yn ei gylch yma yng Nghymru – 'tai o ddim ond cyfeirio at y gwaith sydd ar fin ei golli yng Nghorwen, yn dilyn yr ergyd i Ddolgarrog, sy'n dyfnhau'n problemau cefn gwlad a'n hiaith.

A dylasai'r help sydd ar gael ddod o'r Cynulliad, a'r blaid sy'n gyfrifol am fanno ydi Llafur – ganddi hi mae'r grym. A rhaid argyhoeddi honno yn ogystal â chroesawu'r datganiad o ymrwymiad i'r Gymraeg gan Blaid Cymru.

A dylasai'r newydd am ymfudiad yr ifainc o Fôn, yn ogystal â'r newydd o Ddolgarrog a Chorwen, grisialu problem fawr y cefn gwlad a'r Gymraeg. Y trysor gwerthfawrocaf sydd gan Gymru ydi ei hiaith, dyna a'n cynhaliodd fel cenedl tros y ddwy fil enbydus olaf o flynyddoedd a fu. A llais y Gymraeg a sicrhaodd i ni hynny o Gynulliad sydd gynnon ni, gyda'r seddau sydd ynddi i'r aelodau sydd ganddi. A be fedran nhw ei wneud?

Wel, mi fedrent wneud hyn. Mi fedrent i gyd fod yn ddigon eangfrydig a deallus i sylweddoli pwysigrwydd y Gymraeg os ydi'r genedl i oroesi, yn hytrach na throi'n ddim ond siroedd ar gyrion Lloegr. Ac mi fedrent dynnu'r ewinedd o'r blew wrth ymladd i sicrhau gweithfeydd sylweddol – rhai sy'n cyflogi cannoedd – i'r bobol yn y mân drefi a'r cefn gwlad Cymraeg. Buasai hynny ynddo'i hun yn mynd ran dda o'r ffordd i setlo problem y tai a'r allfudo a'r llanw o ymfudwyr.

Beirniadodd Cadeirydd Pwyllgor Diwylliant y Cynulliad yr argymhellion gwan a dderbyniwyd gan amryw ddaeth gerbron y Pwyllgor i alw am help i'r iaith. Ni fanylodd, ond yn awr mae Cymuned, ac ar ôl hynny y mudiad sy'n cynrychioli eglwysi Cymru, Eisteddfod Genedlaethol Cymru, Merched y Wawr a sefydliadau diwylliannol Cymru, wedi gosod argymhellion pendant gerbron Pwyllgor y Cynulliad sy'n cynnwys talu sylw arbennig i'r broydd Cymraeg, sicrhau gwaith i atal yr all-lifiad a chomisiwn i drwyadl ymchwilio i broblemau'r Gymraeg – ymchwiliad nad yw'r arbenigedd ar ei gyfer gan bwyllgor. Yn wir, ceir yma dorch o awgrymiadau sylweddol go iawn. Cawn weld a yw'r Pwyllgor yn barod i ystyried llais y wlad ynteu a ydi'r cydymdeimlad ddim yna.

Ac i aros gyda'n hiaith a'n diwylliant, mae'r farchnad lyfrau ar gyfer y Dolig yn profi'n bod ni'n dal yn fyw – beth bynnag am iach – yn y Gymru Gymraeg. Er ei bod yn rhaid i mi holi, nid a oes yna ormod o lyfrau, ond a oes gormod ohonyn nhw'n cael eu cyhoeddi gyda'i gilydd. Nid fy mod yn ddieuog gan fod detholiad o sgyrsiau di-fwlch chwarter canrif y rhaglen yma yn cynyddu'r pentwr.

Rydw i newydd ddarllen un o'r pentwr. Apelio ata i am fod yr awdur o Eifionydd, ac at bawb am mai fo ydi Ifas y Tryc. W. S. Jones, Wil Sam, a genhedlodd Ifas, ac S. W. Jones, Stiw, a'i cyflwynodd i'r genedl – a rhyfeddol hanes Stiw ydi'r gyfrol *Dwi'n deud dim, deud ydw i.* Ac enw'r awdur? Stewart Whyte McEwan Jones. Ac yn y MacEwan yna mae'r stori.

Achos, megis Lloyd George, un o hogiau Eifionydd, na aned yno, ydi Stewart. Baban yn yr Alban oedd o pan benderfynodd ei fam beidio â'i fagu, ond bargeinio â Robert Henry Jones, saer troliau ac olwynion o Eifionydd a oedd yn digwydd gweithio yn yr Alban ar y pryd, i wneud hynny.

Roedd y saer yn fardd hefyd, yn cael ei nabod fel Cennin, y cofiaf ei weld. Daeth â'r baban i Eifionydd. Anghofiwyd am y Whyte a'r McEwan yn ei enw a Stewart Jones oedd o. Chafodd o ddim problem wrth benderfynu cadw at yr enw na phenderfynu aros yn Eifionydd pan dyfodd yn hogyn mawr.

Wna i ddim ymhelaethu rhag difetha'r stori, sy'n cynnwys hanes Stewart yn datblygu o fod yn adroddwr i fod yn actor penigamp. A rhywbeth rydw i'n ymfalchïo ynddo fo ydi pan ddaru Ifas y Tryc ymddangos ar y teli. Ei gael ar y rhaglen radio *Rhwng Gŵyl a Gwaith* ar nosweithiau Sul, lle bu'r un mor boblogaidd gyda'i 'Ingland Refeniw' a'i 'sgersli bilîf' a'i ymadroddion o Eifionydd, ddaeth yn rhan o'r iaith, diolch i W. S. ac S. W. Jones.

Fûm i erioed yn ddyn drama, a fedra i ddim actio o gwbwl, ond mi sylweddolais wrth ddarllen hanes Stewart faint o fy hen gyfeillion oedd yn actorion. Rhai fel Ryan a Ronnie, Gwenlyn a Rhydderch, Charles Williams a Guto Roberts. Y cyfan, ysywaeth, wedi mynd.

CHWARTER CANRIF

29 Rhagfyr 2001

Gyda hyn o sgwrs dyma gwblhau chwarter canrif union yn ddi-dor o'r sgyrsiau. Dydw i ddim yn mynd i sôn gair am yr un o'r tri chant ar ddeg ohonyn nhw i'ch diflasu chi. Mae 'na ddetholiad ohonyn nhw yn y gyfrol *Chwarter Canrif Fesul Pum Munud*, lle mae'r cyflwynydd, Aled Glynne Davies, wedi dyfal weithio iddyn nhw i gyd gael eu recordio ar chwe milltir a deugain o dâp ac y cymerid wythnos i'w hailadrodd ar Radio Cymru.

Felly'n ddistŵr y tro yma, mi gymera i gip ar fy Nadolig i. Ei ddathlu efo'r teulu fel arfer. Gyrru i Gaerdydd a'i dreulio gyda Robin y mab, a Cath a'r ddwy wyres, Elinor a Bethan. Y pnawn cyn y 'Dolig mi aeth

Robin a minnau i siopio i ganol y brifddinas ac mi synnech cyn lleied roeddan ni ar ei ôl. Robin yn mynd am fara lawr a'i gael wedi hir giwio yn y farchnad. Finnau'n chwilio am ddyddiadur a methu'n lân â chael un o'r union faint a fynnwn ar gyfer fy mhoced. Mi gefais un a wnâi'r tro o'r diwedd yn siop fawr Howells. A phwy oedd yno yn y ciw, yn union o 'mlaen yn talu am helaethach ordor na fy un i, oedd Barry John, oedd gyda'r mwyaf o'r chwaraewyr rygbi yn y byd pan oeddwn i'n byw yng Nghaerdydd. Ei bresenoldeb yn fy atgoffa o un gwahaniaeth mawr rhwng yr hwntws a'r gogs. Yn y Gogledd pêl-droed, Man United a Lerpwl ac Everton sy'n cyfri a'r diddordeb yn hynt timau rygbi Caerdydd, Abertawe, Llanelli yn ymylu ar ddim.

Ac yn rhyfedd iawn, cyn cychwyn i siopio roeddwn i newydd weld ar dudalen gyfan o atodiad chwaraeon y *Guardian*, lun John Charles gyda llongyfarchiadau ar gyrraedd ei ddeg a thrigain oed ddydd Iau, a'i gydnabod hefyd nid fel un o bêl-droedwyr mwyaf Cymru ond fel pêl-droediwr mwyaf un y byd, gyda'i fedr â'r bêl ar lawr neu yn yr awyr a chyda'i feistrolaeth ar ymosod ac amddiffyn. Ei gofio'n chwarae bron bob un o'i gêmau i Gymru yn ogystal â'i dda gofio'n gymydog agos i mi yn Rhiwbina tua diwedd ei yrfa. Wrth siopio mi gefais fy syfrdanu gyda maint y dyrfa o siopwyr, oedd wrth eu miloedd yn llenwi Heol y Frenhines balmantiedig ddidraffig Caerdydd, gyda'r rhodfeydd dan do sy'n arwain ohoni yn gwneud y brifddinas yn un o ganolfannau siopio gorau Prydain ac yn sicr y fwyaf cryno a chyfleus. Y cyfan ar un ochr ac ar y llaw arall y ganolfan ddinesig odidog lle dylasai'r Cynulliad fod yn cwrdd.

Ac i'ch byddaru gyda'r bêl-droed, be wnaeth Robin a minnau bnawn Iau ond mynd i weld y Cardiff City newydd gobeithiol yn chwarae Reading yng nghwmni bron i ddwy fil ar bymtheg, a Pharc Ninian yn ymddangos yn orlawn. Ond yr ydw i'n cofio gweld Cymru'n chwarae yma o flaen trigain mil. Bryd hynny doedd y gêm ddim yn un y tramorwyr a'r miliynau o bunnau a ddim yn un hwliganiaeth a therfysg chwaith.

Mi fydda i'n gweld Cardiff City ddwywaith neu dair bob blwyddyn, byth er pan ffarweliais â'r brifddinas ddeng mlynedd ar hugain dda yn ôl, a welais i mohonyn nhw'n colli unwaith. Ond mi fu bron iddyn nhw wneud bnawn Iau, ond yn y gêm gyfartal cafwyd arwyddion o amser gwell i ddod.

Ac un peth a welais i yn y brifddinas ddydd Sul y gallaswn yn hawdd fod heb ei weld yn Llanrug oedd y *Wales on Sunday*, lle'r oedd tudalen lawn gan yr Arglwydd Elis Thomas, dan y pennawd *'Why Welsh Language Row is Tearing us Apart'* – pwy bynnag ydi'r *'us'* yna. Ceisio yr oedd gyfiawnhau ei ddatganiad nad oes yna'r fath lefydd â'r broydd Cymraeg ac mai dwyieithrwydd biau'r dyfodol yng Nghymru. Ond os medrwch chi wneud pen a chynffon o'r erthygl rydach chi'n llawer clyfrach na fi. Ac fe'i dilynwyd gan ysgrif olygyddol yn yr *Echo* deheuol sy'n cyfeirio at yr ymdrechion diweddar i wynebu argyfwng yr iaith fel 'antics', sy'n dweud y cyfan.

Ond beth bynnag ddywed yr Arglwydd symudliw, fedr dwyieithrwydd ddim bodoli oni oroesa'r Gymraeg. Ac nid antics ydi'r ymdrechion i'w diogelu. Ac os gwelais i rywbeth dros fy chwarter canrif sgyrsiol mi welais, ar wahân i gario gwair ac agor y tafarndai a'r siopau ar y Sul ac argyfwng cefn gwlad, Gynulliad na fuasai mewn bod heb ymdrech y rhai sy'n dal i siarad Cymraeg. Mi welais y mewnlifiad yn tanseilio hen iaith a hen ddiwylliant i wneud y cyfan yn ofer. Ac felly y terfyna chwarter canrif o hyn o gwyno ac o ganmol.

COFIO GRUFF PARRY

12 Ionawr 2002

Mae'n rhaid i mi ddechrau efo'r colledion gan gychwyn gyda'r cyfaill mawr, Gruffudd Parry. Ac ohonom ni oedd yn hen ffrindiau coleg iddo, fedra i ddim meddwl am yr un bachgen arall sydd yna ar ôl, er bod dwy neu dair o ferched, sy'n adnabyddus iawn, yn aros. Am y gweddill – o'u meddiant ac o'u moddion ac o'u dysg y'u diosgwyd weithion.

Roedd i Gruff ddewis mynd i'r coleg ym Mangor ar un wedd yn codi problem iddo. Roedd ei frawd mawr, Thomas, yn ddarlithydd yn yr Adran Gymraeg gyda'i gefnder, Williams Parry, yn ddarlithydd rhan amser dan Ifor Williams, a'i gwnâi'n anodd iawn iddo fynd yn ddisgybl iddyn nhw. O ganlyniad, yn y Saesneg y graddiodd, gan dreulio gweddill ei oes yn athro Saesneg yn Ysgol Botwnnog yn Llŷn. Mi fu'n hapus ryfeddol yn Llŷn, yn briod â Kit, merch Griffith Jones, Pencraig Fawr, Sarn Meillteyrn, a chyda'r tair merch weithgar, ac yn y tŷ ffarm y bu byw a marw.

Ac yno, ar gadair wrth ochr y gwely yn cael tamaid bach i'w fwyta y gwelais i o ddiwethaf, y Sadwrn o flaen y 'Dolig. Bob blwyddyn mi fyddai'n sicrhau, o ffarm gyfagos, wyddau i mi at yr ŵyl ac am gryn ugain mlynedd mi fyddwn yn mynd ag un i Ffion a'r teulu yng Nghaer-gaint. Erbyn eleni roedd un ŵydd yn ddigon ac yno i'w nôl hi yr oeddwn i – ac edrych am Gruff 'run pryd, gan na bu'n dda o gwbwl ers misoedd.

Roedd gen i un newydd a lonnodd ei galon. Roedd drama gerdd wreiddiol, *Dot Com*, o'i eiddo newydd gael ei pherfformio gan Ysgol Glan-y-Môr, Pwllheli, cynhyrchiad ei ferch Enid, ac wedi cael croeso ysgubol, y medrwn sôn amdani.

Fu bod yn frawd i Thomas Parry a chefnder i Williams Parry a Parry-Williams o ddim help personol i Gruff. Roedd y perthnasau mor brysur, mor enwog, mor athrylithgar. Ond fe fu iddo wneud ei nyth yn Llŷn, lle'r oedd gwreiddiau ei deulu, o fawr fendith iddo fo ac i Lŷn ac i Gymru. Yn hytrach na chanolbwyntio ar ddatblygu'n ysgolhaig mawr fel ei frawd a'i gefnder, Parry-Williams, neu'n fardd mawr fel Williams Parry – ac yr oedd hynny'n bosibl iddo – fe setlodd ar ei athrylith ei hun, yn binacl diymhongar y diwylliant gwerin o'i gwmpas, yn ddiddanwr ei genedl gyfan, yn gogydd tan gamp ac yn Gadeirydd Cyfeillion Llŷn.

Un o'i gyfraniadau mawr cyntaf oedd i'r *Noson Lawen*, fu'n benllanw'r diddanwch Cymreig, gyda'i sgriptiau ar gyfer y Co Bach yn nhafodiaith cofis Caernarfon, lle mae pob cath yn aros yn giaman, a phob crinc ddim yn sbio ond yn stagio y naill ar y llall.

Ac ar wahân i ddiddordeb mewn drama, enghraifft

glasurol o'i ddawn fel llenor a hanesydd ydi ei gyfrol ar *Grwydro Llŷn ac Eifionydd* a'i gyfraniadau hyd ei gyfrol atgofus olaf, *Cofio'n Ôl.*

Ar un adeg bu'n anfon prydyddiaeth hynod fachog i'r *Llenor*, dan yr enw John Jones Llŷn, a bu mawr ddyfalu trwy Gymru ar y pryd pwy'n union oedd hwnnw. Daeth un o feirdd gwlad Llŷn at Gruff a gofyn iddo a fedrai gadw cyfrinach. 'Medra,' meddai Gruff. Ac medd y brawd, 'Y fi, wchi, ydi John Jones Llŷn!'

A dyna ni Robert Williams Parry, T. H. Parry-Williams, Thomas Parry ac yn awr Gruffudd Parry – hufen cenedl – wedi mynd a phob un o'r pedwar gyda'i athrylith ei hun ac yn gynnyrch diwylliant Cymraeg broydd chwareli llechi Arfon, sydd hefyd wedi mynd.

Ac yn Eifionydd bu colled arall. Colli Gwen Rees Roberts o Gricieth a roddodd wasanaeth gwiw yn genhades yn India. Ei chofio yn yr ysgol ym Mhwllheli yn bwtan wallt cyrliog, gydwybodol. Cysegru'i hoes i hybu'r efengyl, prifathrawes nodedig ysgol i ferched yn India lle dysgodd yr iaith mor drwyadl nes cael ei derbyn fel brodor. Welais i mohoni wedi i ni adael yr ysgol ym Mhwllheli – ond anghofiais i mohoni hi chwaith.

Anghofiais i mo gweddill y newyddion chwaith. Buddugoliaeth Cardiff City a'r canlyniadau. Tristwch y Canghellor. A'r newydd mawr sy'n drysu plaid a gwlad, bod bellach dri o hoelion wyth Plaid Cymru i ymddeol o'r Cynulliad. Dafydd Wigley enfawr ei gyfraniad a'r dylanwadol Cynog Dafis ynghyd â'r medrus Phil Williams. Ac i ychwanegu at yr ergydion i Blaid Cymru, y cyn is-lywydd, Gwilym ab Ioan, yn troi at Blaid Annibynnol Cymru a'r cyn-gadeirydd lleol, Guto Bebb, yn sefyll yn ymgeisydd i'r blaid Doriaidd yn is-etholiad Ogwr. Newyddion o fawr bwys – ond nid mor bwysig â'r rhai am hen gyfeillion.

YR HEN DYNNWR LLUNIAU

16 Mawrth 2002

Daeth y newydd am farwolaeth Geoff Charles, hen dynnwr lluniau *Y Cymro*, yn naw deg tri oed ac yn hollol ddall, â llifeiriant o atgofion i mi a dreuliodd filoedd o filltiroedd gydag ef a'i gamera rhwng Caergybi a Chaerdydd. Ac fe erys ei lun o Carneddog a Catrin yn ffarwelio â gwlad y bryniau, a ffilm *Yr Etifeddiaeth*, yn gofgolofnau arhosol iddo.

Fe'i maged ym Mrymbo pan oedd yn ddinas ddur ac enillodd ysgoloriaeth i fynd am gwrs newyddiadurol ym Mhrifysgol Llundain. Ac wedi tymor byr ar bapurau De Cymru dychwelodd i Wrecsam i helpu i sefydlu'r *Wrexham Star* lliwgar nes i hwnnw golli'r dydd yn y gystadleuaeth yn erbyn y *Wrexham Leader*, oedd â mwy o adnoddau tu cefn iddo, ac a oedd yn yr un cwmni â'r *Cymro*, a'r ddau yna'n cael eu hargraffu ym mhencadlys y cwmni yng Nghroesoswallt, ond sydd bellach wedi symud i'r Wyddgrug.

Ac ymunodd Geoff ag un arall o bapurau'r cwmni, sef y *Montgomeryshire Express*, papur i Faldwyn sydd bellach wedi ei uno gyda'r *County Times*, a Geoff yn is-olygydd, gohebydd, gofalwr am dudalen plant arbennig iawn, ynghyd â thynnwr lluniau. Ac ar ben hyn yn dynnwr lluniau ar alwad *Y Cymro*, ffotograffydd cynta'r wasg

Gymraeg, a Chroesoswallt oedd yr unig fan yng ngogledd a chanol Cymru lle gellid troi ffotograffau ar gyfer lluniau papur newydd yn flociau metel ar gyfer eu printio.

Yn y cyfnod ar ôl y rhyfel pan oeddwn i'n ohebydd i'r *Cymro*, a gostiai ddwy hen geiniog ar y pryd, mynd efo Geoff ar bnawn Sul hydrefol braf i ucheldera u ffarm y Carneddi, yn y bryniau uwchlaw Beddgelert. Yno roedd Carneddog, yr hen fardd a'r chwilotwr, a Catrin wedi pacio popeth cyn ffarwelio'r diwrnod wedyn â'r hen gartref, a aeth yn drech na nhw wedi colli eu mab, i gwblhau eu dyddiau gyda'r mab arall yn Hinkley yn Lloegr. Carneddog, ar gyfer y llun, wedi gwisgo hen gôt dinfain a honno'n hen ffasiwn ers blynyddoedd, a'r ddau yn cael yr olwg olaf ar y bryniau pell; llun a ddaeth mor boblogaidd yng Nghymru ag un Curnow Vosper o gapel Salem.

Pan ddeuthum i'n olygydd *Y Cymro* cafwyd dau dynnwr lluniau amser llawn ardderchog i'r papur – Ted Brown a Robin Griffith – yn y swyddfa yng Nghaernarfon. Ond byddai Geoff yn dal i gyfrannu – o luniau o'r Eisteddfodau Cenedlaethol i gêmau pêl-droed Cymru, ar wahân i achlysuron mawr megis yr ymgyrch i geisio atal boddi Bro Tryweryn.

Ar ben hyn fe dreuliom ein dau dair blynedd o oriau hamdden penwythnosau yn ffilmio bywyd Llŷn ac Eifionydd, heb sylweddoli ein bod ni'n ffilmio chwyldro yng nghefn gwlad Cymru ac y deuai'r ffilm yn ddogfen hanesyddol yn darlunio *Yr Etifeddiaeth*. Am nad oedd yna ffilmiau Cymraeg, ac y buasai'n hysbyseb i'r *Cymro*, y gwnaed y ffilm, gan ychwanegu ati ffilm o'r fro

Wyddelig dlawd yn Connemara ac o'r ffordd y cynhyrchid *Y Cymro* – y drefn fetel sydd wedi dirwyn i ben. Gwnâi'r cyfan awr a hanner o sioe a Tom Morgan fu'n dangos ffilm golledig *Y Chwarelwr* gan Ifan ab, a John Ellis Williams fu'n dangos *Yr Etifeddiaeth* trwy Gymru, gan ddechrau yn sinema Dolgellau adeg Prifwyl 1949.

Yr hyn na wyddwn i oedd bod Geoff Charles nid yn unig wedi cadw negyddion y ffilmiau ond hefyd rhai y lluniau a dynnodd i'r *Cymro* – dros chwe ugain mil ohonynt. Onide mi fasai'r lot wedi mynd. O ganlyniad mae'r cyfan wedi'i gadw'n ddiogel yn y Llyfrgell Genedlaethol.

Gorffennodd Geoff Charles ei yrfa ar staff *Y Cymro* yn y swyddfa, sydd wedi cau, yng Nghaernarfon. Ac yna'r trychineb mawr o golli ei olwg, a phan oedd yn ddall mewn cartref ger y Rhyl medrais drefnu, bum mlynedd yn ôl, i wasg anturus Carreg Gwalch gyhoeddi gwaith yr oedd ef a'i frawd wedi'i gwblhau – portread o Brymbo ei ieuenctid, *The Golden Age of Brymbo Steam*, stori'r dur a'r trenau.

A throed nodyn, chafodd gwŷr y wasg fawr o lwc wrth chwilio am lun o Geoff Charles. Pwy sy'n tynnu lluniau'r tynnwr lluniau, deudwch?

Y CYMRO A THELEDU CYMRU

11 Mai 2002

Rydw i am ganolbwyntio'r tro yma ar safbwyntiau pobol mwy arbenigol na fi yn y gyfres werthfawr *Cof Cenedl* o Wasg Gomer a fedrus olygir gan Geraint H. Jenkins, a'r pris: wyth bunt ond pum ceiniog. Mae'r ail ddetholiad ar bymtheg o ysgrifau ar hanes Cymru wedi ymddangos ac yn ymdrin â drylliau'r hen Gymry, Williams Pantycelyn a'r Mudiad Cenhadol ac ymlyniad Michael D. Jones wrth y Gymraeg. Ond yn y ddwy ysgrif olaf, sy'n delio â Theledu Cymru a'r *Cymro* y mae gen i ddiddordeb personol arbennig.

Mewn erthygl ymchwilgar mae Rhys Tudur yn trafod agwedd *Y Cymro* at dân Penyberth ac at y Blaid Genedlaethol a'r rhyfel, cyfnod cyn i mi ddod yn olygydd y papur, er fy mod yn ohebydd amser llawn iddo ar derfyn y rhyfel. A diddorol ydi sylwi ar y gefnogaeth a roddodd *Y Cymro* i Saunders Lewis wedi helbul Penyberth, er i'r papur barhau'n feirniadol ohono fel Llywydd y Blaid Genedlaethol.

A chyn sôn am wleidyddiaeth gynnar *Y Cymro*, purion yw cofio mai Tori rhonc oedd John Eilian, y golygydd cyntaf. Tra bod ei brif gynorthwywr golygyddol, Percy Ogwen Jones, tad yr Athro Bedwyr Lewis Jones, yn sosialydd amlwg fu'n golygu'r papur Llafur, *Y Dinesydd*, yng Nghaernarfon. Bu'r berthynas rhwng John Eilian a Rowland Thomas, perchennog *Y Cymro* yn anwadal tros ben. Ond yn ystod y rhyfel roedd John Eilian yn y Weinyddiaeth Hysbysrwydd yn Llundain yn ysgrifennu, dan yr enw Robin Bwrgwyn, bropaganda noeth mewn

Cymraeg gloyw yn wythnosol i'r papur. Ni chyfeiria'r ysgrif at y cyfraniadau yma.

Rhyddfrydol oedd hynny o wleidyddiaeth oedd ym mhapurau cwmni'r *Cymro*, er mor Dorïaidd oedd Croesoswallt, ond prin y ceir hyrwyddo'r blaid wrth ei henw yn *Y Cymro*. Ac mae'r awgrym yn *Cof Cenedl* fod *Y Cymro* yn annog y darllenwyr i bledio'r Blaid Ryddfrydol yn yr etholiad a enillodd Attlee wedi'r rhyfel yn mynd braidd yn bell, gan mai radicalaidd wedi'r hir Dorïaeth oedd neges yr erthyglau, ac mi ddylaswn i wybod. Yn wir, cwynodd John Eilian ar y pryd wrth Rowland Thomas am nad oedd yr erthyglau golygyddol yn cefnogi'r Blaid Ryddfrydol yn benodol wrth ei henw. Ond mân lwch y cloriannau ydi hyn oll gan fod yr ysgrif ei hun yn deg a gwerthfawr ac yn creu syndod wrth ystyried nad yw *Y Cymro* presennol yn datgan barn ar un dim.

Mae gen i ddiddordeb personol hefyd yn ysgrif Jamie Medhurst, a wir ddysgodd y Gymraeg, ar Deledu Cymru – menter gyffrous neu freuddwyd ffôl. Ychydig iawn a ysgrifennwyd am y fenter gyffrous neu ffôl yma a rhaid dal i ddisgwyl am y stori gyflawn. Ond yma ceir y cefndir a'r sefydlu a'r gobeithion a'r anawsterau a'r camgymeriadau wedi eu rhestru'n gydwybodol. Roeddwn i'n un o weision y fenter, nid yn drefnydd rhaglenni fel y crybwyllir mewn rhagair i gyfrol o *Dros fy Sbectol* – Harvard Gregory fu'n dwyn y baich hwnnw. Golygydd newyddion a chynhyrchydd rhaglen wythnosol oeddwn i gyda T. Glynne Davies yn ddirprwy, ac i chi gael syniad o gyfyngder ariannol y cwmni, dim ond pum punt a deugain oedd yna i T. Glynne a minnau ar gyfer cynhyrchu rhaglen o hanner awr – buasai'n chwerthinllyd heddiw.

Gan Deledu Cymru, medd Jamie Medhurst, yr oedd y stiwdio deledu fwyaf modern yn Ewrop. Ac mi ddylai fod. Roedd yr adeilad a'r holl offer yn newydd sbon danlli. A ddylesid bod wedi codi adeilad newydd, a hwnnw yng Nghaerdydd lle na fedrid gweld rhaglenni'r cwmni o gwbwl, sy'n fater arall.

Nid y brwdfrydedd na'r diffuantrwydd oedd yn brin ond llu o bethau allanol. Yn bennaf roedd yr holl diriogaeth eisoes yn cael gwasanaeth TWW neu Granada – a rhaglenni Cymraeg gan y ddau. Ac roedd y diriogaeth yn dlodaidd a di-apêl i hysbysebwyr. Ar ben hyn cafwyd y gaeaf caletaf mewn cof a ohiriodd godi trosglwyddydd Nebo yn Arfon a heb weld codi un Moel y Parc yn y Gogledd o gwbl. O edrych yn ôl mae'n bosib ystyried y fenter, nid na chyffrous na ffôl, ond yn un amhosib.

Manion y stori drist a thaclus. Perchennog ac nid golygydd *Y Cymro* oedd Eric L. Thomas, oedd yn ddi-Gymraeg fel ei dad, Rowland Thomas, ac is-olygydd newyddion nid gohebydd Teledu Cymru oedd Gwyn Llewelyn.

Ar wahân i'r cof mai Teledu Cymru oedd y cwmni cyntaf i gael merch yn broffwyd y tywydd, un atgof sy'n aros – am Jacob Davies yn cyflwyno rhaglen gyntaf un y cwmni gan hysbysu'r toriad fel hyn: 'Ac yn awr mi awn ni at y casgliad.' Ysywaeth, fu'r casgliad ddim yn ddigon da i gynnal yr achos.

GOLAU COCH

25 Mai 2002

Dyfalu mawr a gododd ydi – faint sy'n gwylio S4C? Fe arferai'r sianel gyhoeddi'n wythnosol yn *Y Cymro* nifer gwylwyr y rhaglenni mwyaf poblogaidd, ond yn sydyn dyna'r cyfan yn stopio.

Cododd hyn bob math o ddyfaliadau ynglŷn â'r dull o gofnodi'r gefnogaeth i'r gwahanol raglenni Cymraeg. Ac mae'r cofnod o faint gwylwyr pob rhaglen o'r pwys mwyaf i'r sianelau teledu masnachol gan mai'r arian a delir am yr hysbysebion sy'n eu cynnal nhw, gyda'r maint a delir am hysbysiad ar raglen arbennig ar amser arbennig yn dibynnu ar nifer y gwylwyr.

Dyma sut yr arferid amgyffred holl nifer y gwylwyr. Setiau arbennig mewn cartrefi dethol yn cofnodi yn union pa bryd ac am ba hyd y bu gwylio ar wahanol raglenni, gyda'r setiau'n perthyn i groestoriad o wylwyr pob oed, sefyllfa a rhyw. Rhyw fath o arolwg barn.

Ond, yn dilyn haeriadau yn yr *Herald* deniadol am y cwymp enfawr yn y nifer sy'n gwylio rhaglenni Cymraeg S4C, bu ymdrafodaeth ar raglen ymholgar Gwilym Owen ar Radio Cymru, lle mynegwyd amheuon gan Huw Jones, pen bandit medrus busnes S4C, ac eraill, a ydi'r adroddiadau a geir yn awr yn gwneud y cyfrif o'r gwylwyr yn un y medrir llwyr ddibynnu arno. Oherwydd cyhoeddwyd yn yr *Herald* fod nifer gwylwyr *Pobol y Cwm*, prif raglen y cwmni, wedi gostwng o tros ddau can mil ddeuddeng mlynedd yn ôl i gant a phump o filoedd yn Ionawr '99, ac i ddeng mil ar hugain yr wythnos yn unig yn yr wythnos gyntaf o Fai eleni, sy'n gwymp arswydus. A bod y rhaglen nosweithiol newydd

Wedi Chwech â'i gwylwyr wedi disgyn o un fil ar hugain i saith mil ar brydiau, a gwylwyr rhaglen *Newyddion* gan y BBC i lawr o bum deg chwech o filoedd i bum mil ar adegau.

Gan mai nifer cymharol fychan fedr wylio rhaglenni Cymraeg S4C ar y gorau, mae'n bosib gwneud camgymeriadau enfawr wrth geisio cyfrif faint sy'n gwrando trwy wneud camgymeriadau bychan yn y dull o gyfrif. Dyna, fe awgryma Huw Jones, allasai fod wedi digwydd, ond rhaid cofio fod tuedd i dderbyn pob arolwg sy'n ffafriol ac ymwrthod â'r lleill. Yr hyn na eglurodd ydi – sut mae'r hysbysebion sy'n helpu i gynnal S4C yn cael eu sicrhau. Mae'n rhaid cyflwyno rhyw fath o ffigurau gwylio i'r hysbysebwyr cyn cael eu cefnogaeth. Pa ystadegau a ddefnyddir ar gyfer hynny oni fedrir derbyn yr unig ystadegau sydd ar gael?

Yr argraff a gaf i fel un o wylwyr cyffredin S4C ydi fod yna rywfaint o drai a lle i rywfaint o bryder. Fedra i ddim dyfalu faint o drai. Ond dydw i fy hun ddim wedi bod yn hollol hapus gyda rhaglen mor allweddol bwysig i'r cwmni â *Phobol y Cwm*. Ar wahân i ysbeidiau anghred-adwy, doedd troi i sefydlu clwb nos ag ati mewn rhaglen a gychwynnodd mor llewyrchus mewn cartre hen bobol ddim yn syniad da. Ac mae pwyslais gormodol ar rygbi sy'n tynnu cynulleidfa sydd, at ei gilydd yn gwylio dim arall, ond sy'n dieithrio miloedd o gefnogwyr na wêl mohoni'n gêm genedlaethol o gwbwl. A'r Sadwrn diwethaf un cefnwyd ar y prawf criced ar S4C i deledu gêm rygbi ddeheuol, y medrid ei gweld yn union yr un fath ar BBC2, sydd ddim yn help i gadw gwylwyr, fwy nag a fu rhaglenni pornograffaidd hwyr y nos na'r gormod o Saesneg.

Ond mae gan y sianel ei rhinweddau ac mae'n gorfod wynebu cystadleuaeth myrdd o sianelau eraill, a hyd yn oed y radio fel Radio Pedwar wedi adennill cannoedd o filoedd o wrandawyr. Mae yna arlwy ychwanegol dda o raglenni digidol ac o'r Cynulliad. A dewis o *Rownd a Rownd*, a'i hactorion bach, i *Taro Naw*, gyda'i phynciau mawr. Ac mae dal i gynnal y Sianel, sy'n cael naw deg o filiynau o arian y wlad y flwyddyn, ac angen mwy, o dragwyddol bwys i Gymru. Fe helpodd i gynnal yr iaith am ugain mlynedd a bydd mwy fyth o'i hangen am yr ugain mlynedd nesa, gan hyderu y ceir trefn ar gyfrif a chadw'r gwylwyr heb gau llygaid ar y golau coch rhybuddiol. Yr ydw i wedi gweld un cwmni teledu Cymraeg yn mynd i'r wal. Dydw i ddim am weld un arall.

POTES MAIP

8 Mehefin 2002

A dyna i chi wythnos anhygoel yntê? Dau ddiwrnod o wyliau banc sy'n cael dim croeso os ydach chi wedi ymddeol. Jiwlibî'r Frenhines, Cwpan pêl-droed y byd yn Siapan, Gŵyl yr Urdd yn flodeuog yng Nghaerdydd, diolch i ddycnwch Cymry'r brifddinas a siomwyd y llynedd, a Gŵyl y Gelli. A mwy na fedra i ei drafod gan fy ngorfodi i bigo ar siawns, hyn a'r llall, yma ac acw, a'u dilyn i wneud rhyw fath o lobsgows o'r cyfan, heb sôn am y swm enfawr o arian i roi hwb i'r freuddwyd o ailgodi hen gartre Kate Roberts yn Rhosgadfan yn gofeb deilwng iddi.

Ac mi ddechreua i efo'r Jiwlibî a Chwpan y Byd. Mae teyrnasu am hanner can mlynedd yn dipyn o gamp, ac yn rhyfeddod o gofio am fyrder einioes ac ansefydlogrwydd oesau a fu. Ond mae'r gamp wedi ei chwblhau bum gwaith. Victoria oedd yr olaf ac o'i blaen hi Siôr y Trydydd, a helpodd Brydain i golli ei threfedigaethau yn America. Ond roedd ganddo'n rhinwedd un diddordeb mawr, fel yr oedd gan Hywel Harries, sef mewn ffermio a sut i wella ffordd o fyw a chynnyrch amaethwyr y wlad. O ganlyniad fe'i llysenwyd yn Farmer George.

A chyn dychwelyd ato, mi neidiwn ni oddi wrtho at y gêm bêl-droed gynta oedd gan y tîm yna o Loegr yng Nghwpan y Byd, pan fethodd â churo Sweden. Ond nid am y gêm rydw i am sôn ond am Sweden – am enw'r wlad. A dyma sy'n dwyn Farmer George a'i sêl amaethyddol yn ôl i'r cof – ac Eifionydd hefyd. Achos un o'r ychydig iawn o wahaniaethau rhwng tafodiaith Eifionydd ac un Llŷn y drws nesa ydi mai am y Saesneg *swede*, y cynnyrch ffarm, gair Eifionydd ydi swejan (swêj am lot), a gair Llŷn ydi rwdan (rwdins am lot). Ond o ble daeth y geiriau yna?

Os trowch – i ni gael crwydro'n go iawn, ynte – at y rhifyn cyntaf, yn 1807, o un o'n cylchgronau cyntaf, *Yr Eurgrawn Cymraeg*, cewch erthygl helaeth yn canmol rhinweddau maip fel bwyd anifeiliaid, a sut orau i'w tyfu ar y ffermydd. Ond roedd yna un gwendid ynddyn nhw – doeddan nhw ddim yn cadw tros y gaeaf. Ac mewn erthygl atodol disgrifir math newydd o feipen a ddatblygwyd, a fuasai'n llonni calon Farmer George a

Hywel Harries, am ei bod yn cadw tros y gaeaf. Ac enw'r feipen newydd – a dyma'i henw yn yr *Eurgrawn* – oedd *roota baga*.

Ond ymhle y datblygwyd hi? Wel, yn Sweden, y wlad y methodd Lloegr â churo'i thîm pêl-droed. A phan oeddwn i yn Canada mewn archfarchnad hefo fy chwaer, Prydwen, fe'i holais beth oedd y pethau a edrychai mor debyg i swêj oedd yno. 'Wel,' medda hi, 'swêj ydyn nhw ond Roota Baga rydan ni yma yn eu galw nhw.' A dyna mae'r Americanwyr yn eu galw hefyd.

O'r *roota baga* yna y daeth y gair rwdins i Lŷn, er y dywed *Geiriadur y Brifysgol* mai o'r llygriad Saesneg *rootings* y daeth – ond o'r gair *roota baga* y daeth hwnnw. Ac o enw Sweden ei hun y daeth swejan a swêj, wrth gwrs. Ac os ca i ddal i grwydro, fe ddiorseddwyd y maip gan y swêj ar y ffermydd, ond nid yn yr iaith lafar lle daliodd y maip eu tir yn well.

Dyna'r rhigwm am had maip Môn a ddôn neu ddôn nhw ddim, a dyna'r dywediad, esmwyth neu ddiofal cwsg potes maip. A dyna, gan gynnwys y sgyrsiau yma, yn ôl rhai – lol botes maip. A dyna ddod â'r lobsgows yma i ben. O leia roedd ynddo fo *roota baga* a rwdins a swêj, os crwydrodd o braidd yn bell o'r Jiwlibî a Chwpan y Byd.

Ond gan i mi gyfeirio at *Eiriadur Prifysgol Cymru*, mae rhif y rhannau o hwnnw wedi pasio'r jiwlibî. Mae yn awr ran hanner cant a saith gyda'r geiriau o 'torth' i 'triniaf' ar gael, yn argoel fod y fenter fawr a gychwynnodd yn 1950 gyda rhan un o 'a' i 'anghynanadwy' yn dirwyn i ben. A'r pris wedi codi o bum swllt hen bres i wyth bunt y rhan.

Ac i orffen hefo'r Jiwlibî. Mae'r gair yn fy atgoffa o un

o straeon Syr Thomas Parry-Williams. Pan oedd yn hogyn yn Rhyd-ddu, meddai wrtha i, roedd yna hen gymeriad yn y capel a gymerai ran yn y cyfarfodydd gweddi a phan fyddai'n codi o'i sêt i gerdded i'r sêt fawr, byddai pawb yn dechrau chwilio yn eu llyfrau emynau am yr emyn yr oedd o'n bownd o'i ledio – yr un un fyddai ganddo bob tro. A fel hyn y byddai yn ei diweddu: 'Gwawria, gwawria / Hyfryd fore'r Jiwlibî'.

GWELD DIM

29 Mehefin 2002

Cyn troi at adroddiad terfynol Pwyllgor Diwylliant y Cynulliad a'r cynlluniau ar gyfer diogelu'r iaith Gymraeg a'r ymateb iddyn nhw, mae yna rai ystyriaethau sylfaenol i'w dwyn i gof. Yn gyntaf oll rhaid gwerthfawrogi'r ffaith fod yna gydnabyddiaeth bod yr iaith yn wynebu ar beryglon a bygythiadau, a bod yna ddyletswydd cael dwys ymchwilio am help i'w diogelu gan ein llywodraethwyr. Ac yn yr adroddiad swyddogol ceir nifer helaeth o gynlluniau amddiffynnol i'w croesawu am eu bod yn rhywfaint o help. A chyda'r gydnabyddiaeth yna a'r gefnogaeth yna, rhaid holi a yw'r naill a'r llall yn ddigonol. Mae yna lawer iawn o eiriau yn yr adroddiad – faint sydd yna o sylwedd?

Cyn i wahanol bwyllgorau ymchwiliadol y Cynulliad gyflwyno eu hadroddiadau yr oedd yn ofynnol sicrhau cytundeb rhwng gwahanol aelodau'r pwyllgorau o wahanol bleidiau, gyda'u gwahanol ddaliadau. Ond mae un peth cyffredin i'r holl bwyllgorau, sef bod y mwyafrif o'u haelodau yn perthyn i'r Blaid Lafur lywodraethol. A dim byd yn anghyffredin yn hynny – dyna'r drefn wleidyddol Brydeinig.

Ond tu fewn i'r Blaid Lafur yng Nghymru mae yna aelodau blaen sy'n amrywio yn eu hagwedd at y Gymraeg – o rai sy'n frwd, fel yr Arglwydd Prys Davies, i rai sy'n llugoer, fel Llew Smith, sy'n cael ei ystyried gan rai yn elyniaethus i'r iaith. Yn ddiweddar mae Llew Smith, mewn dadl yn Westminster, a Lorraine Barrett a Huw Lewis, sy'n Aelodau o Bwyllgorau'r Cynulliad, mewn llythyrau i'r *Western Mail* wedi mynd o'u ffordd i haeru nad ydyn nhw'r gelynion i'r iaith yr haerir eu bod.

Ond o gofio sut y cafodd yr ysgolhaig Dafydd Glyn ei drin yn un o'u Pwyllgorau, a'r derbyniad oeraidd a gafodd apelwyr o wahanol sefydliadau tros yr iaith, mae'n anodd ystyried y garfan ddylanwadol yma o'r blaid Lafur fel rhai ar dân tros y Gymraeg. Gyda'r mwyafrif yn eu hetholaethau'n ddi-Gymraeg, mi fedran nhw fforddio i ofalu am fuddiannau'r di-Gymraeg yn gyntaf, heb sylweddoli y medr yr iaith Saesneg fodoli'n fyd-eang heb orfod cael help o gwbl o Gymru, tra bo'r Gymraeg yn dibynnu am help o bob twll a chornel. O ganlyniad chafwyd dim cynigion chwyldroadol tros y Gymraeg gan y Pwyllgor Diwylliant. Doedd o hyd yn oed ddim yn barod i alw am Ddeddf Iaith newydd, er gweld angen diwygio. Chafwyd chwaith ddim adroddiad lleiafrifol cryfach.

A dyna ni'n dod at asgwrn mawr y gynnen – y mewnfudwyr. Mewn un frawddeg swta'n unig o'r Adroddiad maith y cyfeirir atyn nhw o gwbl. Syml ddweud na chredir – ac rwy'n dyfynnu – ei bod yn anymarferol, os yn ddeisyfadwy, i osod rhwystrau ar hawliau pobol i symud i Gymru, neu oddi fewn i Gymru.

Sy'n codi'r cwestiwn mawr sylfaenol – os ydi'r Gymraeg dan y fath fygythiad ac yn galw am yr holl gynlluniau a awgrymir ar ei chyfer, a wneir ar tros ddeg ar hugain o ddalennau gan y Pwyllgor Diwylliant, pwy neu be sy'n bygwth yr iaith? Mae'r ateb mewn un gair, Saesneg. A phwy sy'n lledaenu'r bygythiad yma? Wel – y mewnfudwyr. A dyma gwestiwn arall – oes yna ar un llaw bwrpas mewn ymladd effeithiau'r bygythiad, ac ar y llaw arall lwyr anwybyddu'r bygythiad ei hun?

Mae yna, fel y nodir, ddeddfau Ewropeaidd a phob math o rwystrau ar y ffordd i ddelio â phroblem mewnfudwyr – hyd yn oed yn Lloegr. Ond ai cau llygaid ar y broblem ydi'r ffordd orau i ddelio â hi yng Nghymru?

Mi gafodd aelodau'r Pwyllgor gyfle mawr i gael yr atebion oddi ar eu dwylo pan apeliwyd arnynt gan yr holl sefydliadau diwylliannol a chrefyddol Cymraeg i gefnogi ymchwil farnwrol i'r holl sefyllfa, ac fe'i gwrthodwyd am y credai'r Pwyllgor ei fod e'n medru gweld yn well. Ond fedrwch chi ddim gweld llai na gweld dim byd. Y math yna o agwedd sy'n corddi rhai pobol i ddweud peth mor sobor â bod yna lywodraethau Torïaidd yn Llundain wedi dangos mwy o barch i'r Gymraeg na'r Cynulliad yng Nghaerdydd.

Eisoes rydan ni wedi cael cip yn awr ac yn y man ar grynswth cynlluniau'r Pwyllgor, a chan fod yna tros ddeugain o argymhellion mae'n amhosibl i mi fanylu ynglŷn â nhw fan hyn – ond o leiaf mi fedra i groesawu'r gydnabyddiaeth ei bod yn rhaid sicrhau gwaith sefydlog o fewn cyrraedd os yw'r problemau sydd yn y cefn gwlad i'w datrys, er na fanylir ar sut.

Faint o'r argymhellion a dderbynnir gan ein llywodraeth? Cawn syniad ymhen rhyw fis. A dyw'r ymateb a ddaeth i'r argymhellion hyd yma ddim yn rhy ffafriol. Daliwch eich gwynt!

AMDDIFFYN?

20 Gorffennaf 2002

Wrth wrando ar Gordon Brown, Canghellor y Trysorlys, yn parablu, nid am ei filiynau ond am ei biliynau o bunnau o'ch arian chi a minnau y mae o am eu rhannu fesul tipyn o hyn hyd gyrion y lecsiwn, mi wnaeth i 'mhen i droi wrth geisio amgyffred maint ei gelc. Ydi arian wedi mynd i olygu dim byd, deudwch?

Ystyriwch faint o gyflog mae'r pêl-droedwyr mawr yn ei gael am gicio'r gwynt. Neu faint o gildwrn mae rhai pobol yn ei gael wrth ffarwelio â busnesau y maen nhw wedi llwyddo i fynd â nhw i'r wal. Heb sôn am y ffaith fod y loteri fondigrybwyll yn parhau i fedru cornelu digon o arian digon o bobol ddisgwylgar i greu mwy o filiwnyddion ddwywaith bob wythnos, sy'n golygu fod yna gannoedd o filiwnyddion annisgwyl yn cael eu creu bob blwyddyn am wneud dim byd ond bod yn eithriadol o lwcus.

Rhyw gant a hanner da o flynyddoedd yn ôl yr oedd Gladstone yn medru bod yn Brif Weinidog ac yn Ganghellor y Trysorlys ar yr un pryd. A wyddoch chi faint o arian roedd o yn ei godi o'i Gyllideb flynyddol i dalu am holl alwadau holl wasanaethau'r wlad? Wel, dim mwy na dwy filiwn tros yr hanner can miliwn o bunnau – arian a fedrai ddod o gyfri banc peth mwdrel o bobol heddiw, arian llai ei werth mae'n wir, ond dipyn o arian.

Mae pob adran o wasanaethau'r llywodraeth i elwa ar gyfraniadau Gordon Brown. Ac os mai cael mwy o arian ydi'r ateb, mi fydd yna well gwasanaeth iechyd, gwell addysg yn yr ysgolion a'r colegau, llai o droseddau i boenydio'r dinasyddion truan, a mwy o bres i'r Cynulliad i ofalu am ein buddiannau ni'r hen Gymry. Ond os metha'r ddos yma am nad ydi'r weledigaeth yna hefyd i fynd hefo hi, mi fydd yna lai, nid mwy, o aelodau Llafur yn y Senedd yn San Steffan ac yn y Cynulliad yng Nghaerdydd wedi'r lecsiwn nesa.

Dydw i ddim am fynd ar ôl economeg, sy'n wyddor mor ansicr â diwinyddiaeth, wrth fynd ar ôl haelioni Gordon Brown. Ond mi a' i ar ôl un talp yn unig, i un maes yn unig o'r cyfraniadau mawr, sef y maes a elwir yn Amddiffyn, lle mae'r arian ar ei gyfer i godi tri a hanner o biliynau ar ben y naw ar hugain presennol – y codiad blynyddol mwyaf ers ugain mlynedd, sy'n lot o'ch pres chi a minnau. A pham mae'r galw am y fath godiad? Wel, i raddau helaeth i fedru helpu i ymladd y brawychwyr cydwladol bygythiol. A phwy sy'n dweud ei bod yn rhaid ymladd y rheiny? Un George Bush, Arlywydd yr Unol Daleithiau. A pha wlad maen nhw yn ei bygwth? Wel – America. Ac mi godaf i y cwestiwn mawr – sef pam?

Pe bai'r holl arian yma'n mynd i ymchwilio'n annibynnol fanwl i'r amgylchiadau sy'n creu a magu brawychwyr, yn holi *pam* maen nhw'n frawychwyr, be sy'n ennyn eu digofaint, a'u haberth hefyd – pe gwneid hyn, fuasai gen i ddim lle i gwyno. Ond mae annystyriol ddefnyddio grym milwrol, sy'n bownd o ladd y diniwed hefyd – ac *wedi* gwneud hynny – mor ddireswm â chyhoeddi rhyfel ar bechod.

Nid am eu bod, o angenrheidrwydd, yn ddrygionus mae'r holl frawychwyr yn mynd tros ben llestri, ond am i bopeth arall fethu a hwythau yn anghenus, neu dan orthrwm, neu'n ymdeimlo ag anghyfiawnder o ryw fath.

Ystyriwch y sefyllfa ym Mhalesteina, fel enghraifft. Yno, i'r Israeliaid, y Palestiniaid ydi'r brawychwyr. Ac i'r Palestiniaid, yr Israeliaid ydyn nhw. Sut mae America a Phrydain yn delio â'r sefyllfa – wedi iddyn nhw anghofio am y weriniaeth Balesteinaidd newydd honno? America, trwy agored gyflenwi'r arfau i'r Israeliaid – diolch i bwysau ei chwe miliwn o Iddewon Americanaidd a'i gorymchwyddo yn ei mawredd ei hun – a Phrydain yn cyflenwi gwerth ffortiwn o bartiau i awyrennau rhyfel Israel trwy lywio'r gwerthiant ar y slei trwy America. Ar ben hyn Prydain am brynu gwerth dau can miliwn o daflegrau o Israel ei hun.

Ac wele, Tony Blair yn barod i anfon milwyr Prydain i helpu George Bush i ddiorseddu Saddam Hussein yn Irac, os llwydda i sylweddoli'r fath ymgyrch wallgo. A phwy a benododd America i setlo pwy sydd i lywodraethu gwahanol wledydd hyn o fyd, a hynny er budd America? Ymgyrch sydd wedi cychwyn yn enbyd yn Affganistan – gan orffen ymhle?

NIONI ROWND

26 Hydref 2002

Newydd gael cip ysgytwol arall ar y newid byd – un a esgorodd ar lif o atgofion. Digwydd edrych dros dudalennau am dai ar werth yn yr *Herald* a chael fy syfrdanu pan welais lun tŷ yn fy hen bentref, Llangybi, yn Eifionydd, ar werth am – a gwrandewch – gant saith deg naw o filoedd a phum can punt. Hen dŷ cadarn pedair ystafell wely wrth fur yr eglwys ac a fu'n siop.

Ychydig iawn ohonoch chi fu yn Llangybi, gan ei fod yn neilltuedig lan, heb fod ar y ffordd i unman arbennig. A phan oeddwn i'n blentyn rhyw ugain o dai oedd yno, yn cynnwys hanner dwsin o elusendai, dwy siop a phost yn un, gefail gof, eglwys blwyf a thri ffermdy – un yn dafarn hefyd – a fy mam wedi ei geni yn Bodowen, un o'r tri.

Roedd y capel, sef Capel Helyg, ychydig bellter o'r pentref. Un o gapeli hynaf un Cymru – wedi ei sefydlu, fe ddywedir, dri chant a hanner o flynyddoedd yn ôl – ond sydd heddiw nid yn unig yn gorfod ymdrechu i ddal i gadw'r drws yn agored ar y Sul, ond y dydd Llun diwethaf, y trydydd o Hydref a'r dydd diolchgarwch traddodiadol yng Ngwynedd, roedd y drws, am y tro cyntaf, ynghau.

Pellach na'r capel, am ryw reswm, codwyd pedwar ar ddeg o dai Cyngor, a phellach na'r rheiny mae'r ysgol gynradd, sy'n gwasanaethu Llangybi a Phencaenewydd. Yn y pentref mae'r dafarn, oedd yn ffermdy Ty'n Porth, wedi cau a'r eglwys yn ymdrechu i ddal i gynnal un gwasanaeth y mis. Y ddwy siop a'r post a'r efail wedi cau. Ac yn y can mlynedd diwethaf dim ond un tŷ, a hynny wedi'r Ail Ryfel Byd, a thri bynglo moethus diweddar a godwyd. A hen fwthyn yr hen fardd, Cybi, yn wag ond wedi ei ail-doi. *Dim* newydd arall – ond y Saesneg.

A'r cartre sydd ar werth am yr arian mawr ydi'r un fu'n siop a chyn hynny'n dŷ ffarm. Ond yn y pris mae adeilad o ddiddordeb yn y cefn. Dyma'r hen gartref gwreiddiol, y math o dŷ ffarm a elwir yn dŷ hir, sef un lle roedd y teulu a'r anifeiliaid dan yr unto a mynediad rhyngddynt. Fe erys yn wag ac angen ei ymgeleddu ac wedi ei gofrestru fel adeilad i'w gadw.

Ond yr oedd gan yr hen siop ei rhyfeddod arall, sef ei hen berchennog pan oedd fy mam yn hogan bach yn ffermdy tyddyn Bodowen gerllaw, Daniel Evans, cymeriad chwedlonol a hen gyfaill i fy nhaid, Robert Roberts. Roedd y siop – ei gartref – sydd ar werth, union tros y ffordd i ffermdy Ty'n Porth oedd hefyd yn dafarn wlad, a byddai Mrs Evans yn cadw llygad barcud ar Daniel Evans rhag iddo groesi yno i hel diod. Ac un pnawn roedd fy nhaid yn digwydd bod yn y caeau tu cefn i'r dafarn pan welodd Daniel Evans yn prysuro tuag ato. 'Ble 'dach chi'n mynd, Daniel?' medda fo, a'r ateb, 'I Dy'n Porth.' Holi pam mynd yno, bell ffordd fel hyn, ac yntau'n byw gyferbyn, a dyma'r ateb, 'Nioni rownd, Robat Robaits, nioni rownd.' Ffordd yn union er mor ddyrys!

Ond byddai fy nain am waed Daniel Evans. Byddai'n dod draw i brynu wyau. Basged fawr hanner llawn ganddo, ac wrth gyfrif wyau fy nain – wrth iddyn nhw fynd ar bennau'r gweddill – yn siarad fel melin i geisio drysu ei chownt hi.

Wythnos yn ôl yr oeddwn i'n sôn am *Y Ffynnon*, papur

bro Eifionydd a'r *Dinesydd*, papur bro Caerdydd. Yn yr ysgol yn Llangybi y sefydlwyd *Y Ffynnon* a buasai'n stori iddo pe bai'n adrodd hanes y tŷ hir sy'n guddiedig yng nghefn yr hen dŷ siop drudfawr – cant saith deg naw o filoedd o bunnau, i'ch atgoffa. Sy'n dod â ni at y diweddaraf o'r papurau bro sydd newydd ei sefydlu, papur cofis Caernarfon, *Papur Dre*. Bu mwy nag un ymgais i sefydlu papur bro yng Nghaernarfon, hen brifddinas yr inc, felly pob lwc y tro yma. Mae ganddo un fantais sydd gan y *Dinesydd*, sef na raid iddo roi'r mwyafrif o'i ofod i newyddion lleol. Mae'r rheiny yn y *Caernarfon Herald*, sy'n fwy poblogaidd er pan ydw i'n cofio na'r *Herald Cymraeg* yn y dre. Ond yn wahanol i'r *Dinesydd*, mae *Papur Dre* y cofis yn cael gwell cefnogaeth gan y cyfathrebwyr sydd yn ei ddalgylch.

At ei gilydd bu'r papurau bro yn hynod amharod i wasanaethu'n trefi. *Y Ffynnon* fel enghraifft yn bendant yn erbyn gwasanaethu Porthmadog. Ond yng Ngwynedd erstalwm, yn y trefi yr oedd y papurau bro, ym Mhwllheli, Porthmadog, Blaenau Ffestiniog, Corwen, Bala, Dolgellau, Bermo. Ond diolch am y papurau bro, ble bynnag a sut bynnag y maent. Dyma gynheiliaid yr arferiad o ddarllen y Gymraeg a nifer ohonynt yn paratoi i ddathlu eu parhad, sydd o dragwyddol bwys. Diolch i'r rhai sy'n dal i weithio'n wirfoddol i'w cynnal.

'RHYW DDRYGAU DDAW'

2 Tachwedd 2002

Mi gawsom ein hatgoffa yng Nghymru bod yr ha' bach ar ben a'r gaea'n cyrraedd gyda'r gwyntoedd cryf dychrynllyd a'r glaw yn achosi difrod ac anghyfleustra a miloedd o gartrefi'n colli'r trydan.

A phrynhawn Mawrth mentrodd y Cynulliad i faes nad oedd yn perthyn iddo, sef un polisi tramor Prydain, gan ennill marciau uchel am siarad tros Gymru. Er na phasiwyd cynnig cryfach, a rymus alwyd amdano gan Ieuan Wyn Jones, fe basiwyd rhybudd clir yn erbyn cyhoeddi rhyfel di-alw-amdano ar Irac. Ac mae cyhuddo'r Cynulliad o dresbasu ar dir nad yw'n perthyn iddo mor dwp â dadlau na ddylai neb mewn gwlad ddemocrataidd fynegi barn ar ryfel a heddwch – rhyfel, pe deuai, y gelwid ar werin Cymru i golli eu bywydau ynddo. Ond rhoddodd y Cynulliad fynegiant i farn ei wlad mewn dadl ar lefel uchel a dynnodd gefnogaeth pob plaid ond y Toriaid.

Yn y byd mawr tu allan roedd cri George Bush, sy'n fud am yr anghyfiawnderau yn Israel ond sydd am droi pob carreg i gyhoeddi rhyfel ar werin Irac a Saddam Hussein, sydd ddim wedi bygwth neb ers blynyddoedd. Ac yn y cyfamser dyw trychinebau ledled daear gan frawychwyr sy'n rhy barod i aberthu eu hunain tros rhyw anghyfiawnder neu'i gilydd yn gwneud dim ond amlhau'r rhesymau tros i Bush ymbwyllo.

Dim amheuaeth am natur yr anghyfiawnder a achosodd y trychineb mawr ym Moscow. Yr un anghyfiawnder sy'n cynhyrfu'r Palestiniaid a'r Gwyddelod – sef ymbil tros annibyniaeth. Yr oedd

Chechnya yn un o hen weriniaethau Sosialaidd Rwsia cyn i'r holl gyfundrefn gael ei siglo i'w sail, gan droi'n Undeb ffederal gan golli llu o'r gweriniaethau, gan gynnwys Azerbaijan, y bydd ei thîm pêl-droed yn wynebu Cymru gyda hyn, ac sy'n weriniaeth fechan annibynnol Islamaidd.

Ond dyw Rwsia ddim am adael i Chechnya gilio o'r drefn ffederal newydd am y buasai'n symbyliad i fwy o'r taleithiau ei hefylychu. Aeth y galw am annibyniaeth yn rhyfel maith a gwaedlyd ac erys byddin fawr o Rwsiaid yn y rhanbarth i geisio tawelu'r gri. A rhan o'r gri honno oedd y gwarchae ar gynulleidfa o gannoedd mewn theatr ym Moscow gan ymwelwyr arfog o Chechnya. Y bygythiad oedd lladd pob un oni fuasai Rwsia yn addo tynnu ei milwyr o Chechnya, oedd mor anodd i Rwsia ei addo ag ydi i Brydain addo codiad o ddeugain y cant i'r tân ddiffoddwyr.

I wneud y sefyllfa'n ymddangosiadol amhosib delio â hi, roedd y ffaith bod yr hanner cant o frawychwyr yn cynnwys ugain o ferched yn arfog gyda gwregysau o ffrwydron, a ffrwydron wedi eu gwasgaru trwy'r theatr, ac o ddifri yn eu bwriad i ladd cannoedd o'r gynulleidfa oni ddeuai ateb boddhaol, a heb ddisgwyl dianc yn fyw eu hunain. Buasai i filwyr Rwsia ruthro i'r adeilad yn golygu tanio'r holl ffrwydron a lladd pawb yn y fan. A dim bargeinio i fod. Be fasach chi'n ei wneud?

Fe wnaeth y Rwsiaid yr amhosib, gollwng nwy i'r adeilad a drodd pawb yn ddiymadferth, rhuthro i mewn a lladd y brawychwyr yn eu gwendid cyn y medrent danio un dim. Roedd y gost yn drom. Y nwy wedi lladd hefyd dros gant o'r gynulleidfa ac achosi niwed i lawer mwy. Bu dadl gydwladol fawr. A aeth Rwsia'n rhy bell ac a gollwyd gormod o fywydau diolch i'r nwy? Ond erys y cwestiwn be fasa neb arall yn ei wneud heb ildio i'r brawychwyr oedd am ladd y lot. O leiaf, roedd tros bum cant yn dal yn fyw o hyd. A ddylasai'r Rwsiaid fod wedi enwi'r nwy ynghynt i'r meddygon fedru arbed ychwaneg sy'n fater arall. A diddorol sylwi nad gan Saddam Hussein yn unig roedd yna nwyon a fedrai ladd yn bodoli. A faint sydd gynnon ni?

Yma yng Nghymru mi fu yna ddwyn i gof ymgyrch llawer mwy heddychlon – un i sicrhau sianel deledu i'r Gymraeg ugain mlynedd yn ôl. Fel sianel fyrhoedlog Teledu Cymru o'i blaen, sianel yn *cynnwys* Cymraeg, nid un Gymraeg, ydi S4C, er bod ganddi sianel ddigidol Gymraeg gymeradwy tros ben. Am heddiw wna i ddim mwy na dymuno'n dda i S4C, sy'n mynd i wynebu ar broblemau mawr. Dydi'r sianel ddim yn cynhyrchu ei rhaglenni ei hun ond yn dibynnu ar gynhyrchwyr annibynnol mentrus, ac yn arbennig y BBC. A lle bu Cymraeg gan Granada a HTV a'r BBC, ar S4C mae'r cyfan bellach.

Ond gyda'r ad-drefnu mawr a'r ymerodraethau enfawr ar y teledu masnachol a dyfodiad y drefn ddigidol, mae'n hanfodol bwysig fod y Cynulliad yn cadw llygad barcud ar y datblygiadau rhag i ni orfod wynebu ar deledu heb i'r Gymraeg fod arno o gwbl.

ANTUR ENBYD

16 Tachwedd 2002

Roedd yna newydd wythnos yn ôl na chafodd fawr ddim cyhoeddusrwydd, ond yr oedd ar y *Post Prynhawn*. Ond yr oedd yn newydd o ddirfawr bwys ac yn un a achosodd bryder i fwy nag un a'i clywodd. Yn fyr, dyma fo: mae pump o bapurau bro sir Gaerfyrddin i dderbyn rhyngddynt ddau can mil o bunnau o Gronfa Amcan Un i gyflogi staff amser llawn i chwyddo cylchrediad y pump a denu mwy o ddarllenwyr ifainc gyda thudalennau yn y papurau ar eu cyfer. Dyma'r pum papur bro: *Y Cardi*, *Y Garthen*, *Clebran*, *Y Lloffwr* a *Cwlwm*. Fe ymestyn eu dalgylch tros sir Gaerfyrddin, y cyfeirir ati fel yr un â'r nifer fwyaf o siaradwyr Cymraeg, a hyd gyrion sir Benfro a Cheredigion. Ymddengys mai rhyw fil yr un ar gyfartaledd yw'r gwerthiant.

Tu ôl i'r cynllun mae Antur Teifi, a fethodd dro yn ôl ag uno rhai o'r papurau bro yma, a Menter Iaith Myrddin, a'r nifer o'r rhai amser llawn a gyflogir, fe gredir, yw tri. Hyn oll yn golygu trefn newydd ac arian mawr. Dim o'i le ar hyn, meddech chi. Ysywaeth y mae yna lot fawr o'i le ar y cynlluniau. Yn y chwarter canrif olaf mae hanner cant o bapurau bro ar ben y pump yma wedi eu sefydlu'n wirfoddol heb yr un ddimai o grant i gychwyn, er eu bod yn cael dogn yn awr, a llafur cariad sydd wedi eu llwyddiannus gynnal trwy'r blynyddoedd. Mi fûm i'n help bach i sefydlu tri. Mi fu yna anawsterau ond maen nhw yma o hyd yn bethau mae'r werin wedi eu creu yn ei ffordd ei hun, a phob un yn wahanol. Medr pob un wneud gyda help ychwanegol oddi mewn – ond nid ymyrraeth oddi allan. A dyma'n awr lle mae'r huddugl yn dod i'r uwd. Dyma hefyd lle mae'n rhaid holi'r rhai sy'n rhedeg y pum papur bro yn awr, a ydyn nhw wedi priodol ystyried y canlyniadau posibl cyn cydsynio i anghofio am egwyddor sylfaenol y papurau – sef gwasanaeth gwirfoddol gan bobl y fro i'r fro, sy'n cyfrif am eu llwyddiant.

Gadewch i ni'n gyntaf ystyried y dau can mil o bunnau yma, sy'n gyfystyr â rhoi deugain mil i bum papur – a pha bapur bro na ddiolchai am hynny? Ond y mae yna amodau ac un taliad sydd yma heb yr un ddimai i ddilyn. Gadewch i ni wneud y sym orau medrwn.

Y staff o dri i ddechrau. Pe rhoddid i bob un dâl blynyddol gohebydd gweddol brofiadol fe fuasai o leiaf yn bymtheng mil o bunnau. A dyna un rhan o bump a mwy o'r dau can mil wedi mynd. Ar ben hyn buasai'n rhaid talu costau teithio i'r tri a chost swyddfa gyda theliffon ac offer. Gosodwch hyn cyn lleied â rhyw bum mil y flwyddyn, sy'n isel iawn, a wnâi'r cyfan yn hanner can mil y flwyddyn. A olygai y byddai'r holl ddau can mil yn parhau am bedair blynedd gyda lwc. Beth wedyn? Beth wedyn?

Am y staff o dri – o ble mae'r rhain i ddod, gyda'u profiad a'u gwybodaeth leol? Ac wedi eu cael, beth am y dasg fydd yn eu hwynebu? Ar wahân i geisio cadw hynny o wirfoddolwyr fydd ar ôl dyna broblem codi'r cylchrediad – sy'n hunllef i bob golygydd yn nydd y teli a'r we. A beth am y feddyginiaeth arfaethedig – tudalennau i'r ieuenctid? Mi roddodd S4C gynnig ar y pwyslais yma a gorfod cydnabod siomiant. Ac os yw'r feddyginiaeth mor hawdd pam nad yw'n gweithio i'r *Herald* a'r *Cymro* a'r *Golwg* proffesiynol?

Nid ar chwarae bach, fel y gwn o brofiad, y mae codi cylchrediad unrhyw gyhoeddiad, ac yn sicr nid trwy apelio at yr ieuenctid. Nid y rhain sy'n prynu na helpu i gynhyrchu'r papurau bro. A help tu mewn, nid o'r tu allan, mae ar y papurau bro ei angen. Rhaid i'r apêl fod at bawb, ac yn y fro pobol y fro sy'n gwybod orau ac mae'r diolch i'r gwirfoddolwyr am eu dyfalbarhad yn ddiderfyn. A dyma'r cyhoeddiadau sydd bellach yn cael y werin i ddarllen Cymraeg yn gyson, a phan dderfydd yr arferiad hwnnw fe dderfydd am yr iaith.

Fe holais i W. S. Jones (Wil Sam), fu'n gefn o'r cychwyn i bapur bro Eifionydd, ac sydd newydd gyhoeddi detholiad o ysgrifau difyr ei ddiweddar frawd, Elis Gwyn, yn *Y Ffynnon*, ac fe wêl yntau y cynllun newydd yn ergyd i'r gweithwyr gwirfoddol a'r papurau. A Hafina Clwyd, a gyhoeddodd ysgrifau i'w phapur bro yn gyfrol werthfawr, yn gweld yr holl syniad yn od ac annheg.

Gambl ydi'r cynllun. Menter, os metha, fydd yn ergyd enfawr i'r Gymraeg yn y sir lle yr hawlir ei bod ar ei chryfaf. A yw'r fath fenter yn un gyfrifol ac yn un y dylasai'r Bwrdd Iaith ei chymeradwyo a'i hymestyn? Sgersli bilîf.

SGRIFEN AR Y MUR

1 Chwefror 2003

Mae'n ymddangos, oni ddigwydd rhyw wyrth, y byddwn cyn bo hir yn ymuno gyda'r rhyfelgi, Bush, i ymladd yn erbyn Irac. Cyn bod unrhyw adroddiad am yr ymchwiliad i fodolaeth arfau dinistriol y wlad honno wedi ymddangos, yr oedd lluoedd arfog America a Phrydain eisoes yn pentyrru ar gyrion Irac yn barod i daro, er na lwyddwyd i egluro eto sut mae'n bosib i Irac ymosod ar Brydain nag America.

Hyn oll er y dengys arolygon barn fod tros drigain y cant o Americanwyr, a deg a thrigain y cant ym Mhrydain yn erbyn y fath ryfel. Dwy o wledydd mwyaf Ewrop, Ffrainc a'r Almaen, yn erbyn. Dwy o wledydd mwya'r byd, Rwsia a China, yn erbyn. Dim tystiolaeth i'r arfau difaol gael eu darganfod yn Irac a chael a chael fydd hi a gaiff yr ymchwilwyr barhau i loffa amdanyn nhw. Ac os methant, y cyfan a wneir ydi cyhuddo Saddam o'u cuddio. Papur newydd y *Mirror*, gyda'i filiynau o ddarllenwyr, yn parhau i ymladd brwydr arwrol tros heddwch, a thrist clywed Blair yn ailadrodd, heb dystiolaeth, haeriad Bush fod Irac yn llochesu brawychwyr.

A pha wir dystiolaeth sydd yna fod Hussein yn fygythiad i ni, a pham mae'n rhaid i ni druan helpu America, sydd â'r grym ganddi i wneud a fynno heb help neb? Ac os ydi Saddam Hussein wedi hel a llwyddo i guddio'r cemegau ofnadwy eu heffeithiau, fel yr haerir, onid y ffordd orau a mwyaf ofnadwy i weld a ydi o'n bwriadu eu defnyddio o gwbl ydi i America a Phrydain uno i ymosod ar Irac? Mi gawn weld bryd hynny be sydd gan Saddam Hussein a faint mae o am ei ddefnyddio a pha mor ddychrynllyd y gost pan fydd y Dwyrain Canol a'i olew yn fflam dân.

Ni raid dweud beth a olyga'r rhyfel i werin Irac, a does yna'r un syniad pa oruchwyliaeth a osodid yn lle un

Saddam Hussein. A phe parhâi'r rhyfel byddai Blair, sydd ag enw Anthony Eden yn ei gadw'n effro'r nos, a'r blaid Lafur ranedig yn debygol o fod gyda'r colledion. Ar ben hyn mae dyfodol sefydliad fel y Cenhedloedd Unedig yn cael ei osod yn y fantol. Oni dderbynnir ei arweiniad bydd cam enfawr wedi ei gymryd i sicrhau'r un dynged iddo ag a ddaeth i ran Cynghrair y Cenhedloedd wedi'r Rhyfel Mawr Cyntaf.

I ddod yn nes adref nag Irac, bu Radio Pedwar nos Sul yn trafod ymateb yr Albanwyr i'r datganoli a sicrhawyd, a hyd yn oed Llywydd ei Senedd, yr Arglwydd Steel – David Steel gynt – yn gorfod cytuno fod haleliwia'r dyddiau cynnar wedi hen gilio ac na fedrid rhag-weld mwy na'r hanner yn trafferthu i fwrw pleidlais pan ddeuai'r etholiad ar y cyntaf o Fai, fel y daw yng Nghymru, a lle mae'r haleliwia wedi diflannu yno hefyd. Siomedigaeth ac ymdeimlad yn yr Alban nad oedd y pwerau a gafwyd wedi cael eu llawn ddefnyddio, nad oedd yna fawr o newid, ac yn arbennig bod yr economi wedi cael ei hesgeuluso, a thynged y pysgotwyr mewn porthladdoedd fel Arbroath wedi ychwanegu at y dadrithiad.

Mae'r ymateb yn hynod o debyg yng Nghymru a'r enghraifft ddiweddaraf o aneffeithiolrwydd y Cynulliad yn ei hymwneud â'r miliynau o bunnau sy'n dal yn ddyledus i'r amaethwyr a wellhaodd eu ffermydd, a'r esgus annerbyniadwy mai ar y cyfrifiaduron mae'r bai. Y cyfrifiaduron gafodd y bai hefyd pan swyddogol gyhoeddwyd mai pedair swydd yn unig a sicrhawyd wrth wario talp enfawr o'r gronfa Amcan Un. A chyda'r etholiad yn agosáu, cwestiwn y mynnir cael ateb cyfrifol iddo ydi faint yn union o swyddi parhaol newydd a da a sicrhaodd y gwahanol etholaethau yn y gwariant mawr a fu ar yr amgylchedd ag ati gyda'r gronfa Ewropeaidd, achos mae pobol hefyd yn gyfran o'n hamgylchedd.

A chyn tewi teg ydi rhoi geirda i'r gyfres gampus ar S4C o hanes Cymdeithas yr Iaith – sy'n rhan o hanes Cymru. Ond yr oedd arwyddocâd yn y ffaith fod y rhaglen olaf yn holi a ydi dyddiau mawr y Gymdeithas, ac yn wir a yw *holl* ddyddiau'r Gymdeithas, yn tynnu i ben. Wna i ddim ond gobeithio nad yw, ac nad y ddau air 'Deddf Eiddo' ar y muriau ydi geiriau ola'r mudiad. Yn rhestr ymgyrchoedd presennol y Gymdeithas dyw Deddf Eiddo ddim ar ben y rhestr, a fu'r frwydr tros y ddeddf ddim yn un hawdd yn y Brydain gyfalafol, lle medr y farchnad arglwyddiaethu ar bopeth, fel y cytunodd Cynog Dafis. Dydi'r sefyllfa ddim yn un seml pan mae'r un bobol yn gorfod paradocsaidd ymladd am dai i gynnal yr etifeddiaeth yn y cefn gwlad ac ar yr un pryd yn gorfod ymladd rhag codi chwe mil o dai yng Ngheredigion, sy'n mynd i ddinistrio'r etifeddiaeth.

GARDD EDEN

22 Mawrth 2003

Mewn tristwch dadrithiol rydw i'n eich cyfarch chi'r tro yma. Yr oedd y Rhyfel Byd Cyntaf i fod yn rhyfel i roi terfyn ar ryfel, a'r ail i fod yn hynny hefyd – y cyfan yn fy oes i ynghyd, ac er pan ddechreuais i ar y sgyrsiau yma wele'r trydydd arall a'r mwya di-alw-amdano wedi cychwyn, a'r cyfan fedra i ei wneud bellach ydi gweddïo y bydd trosodd yn fuan. Nid bod y protestiadau trosodd, o bell ffordd.

Ac i bobol fach fel fi sy'n credu mai ffordd hollol farbaraidd i setlo anghydfod rhwng gwlad a gwlad ydi trwy greu lladdfa rhyfel, rhaid ychwanegu nad datrys problemau ond creu rhai newydd a wna pob un. Ac ofer addo nad ar werin Irac y mae'r rhyfel yma (Bush a Blair sydd i achub y byd, ne' rwbath), am nad ydi bomiau'n medru gwahaniaethu – dim ond medru difa pawb a phopeth sy'n eu llwybrau.

Mae'n rhy hwyr i mi wneud fawr mwy na thewi, felly mi geisia i gyflwyno rhyw fath o fân ddarlun o'r wlad o'r enw Irac, sy'n enw cymharol ddiweddar, ond y mae hanes hir i'w phobol a'i gwareiddiad. Yr hen enw ar y rhan yma o'r byd oedd Mesopotamia – sef y tir rhwng dwy afon, afon Tigris ac Euphrates. A chyda llaw, mae Rhwngddwyafon yn enw ar fferm yng nghesail moelydd unig Cwm Pennant.

Mae'r tir rhwng y ddwy hen afon enwog yn ffrwythlon, ac yma, yn ôl y chwedl, yr oedd Gardd Eden. Ond dim ond chwech y cant o dir yr Irac presennol sy'n dwyn ffrwyth, ond dan dywod y gweddill mae cronfeydd olew mwya'r byd. Mae'r brifddinas, Baghdad, ar lan afon Tigris fel yr oedd Nineveh gynt, a thynnu at dair miliwn a hanner o bobol yn byw ynddi hi pan dorrodd y rhyfel, ac mae'n hen iawn. Oddi yma y tarddodd chwedlau Arabaidd byd enwog y Mil ac Un o Nosweithiau, sy'n cynnwys stori Ali Baba a'r deugain lleidr, Aladin a Sinbad y llongwr.

Ac yma roedd yr hen frenin Beiblaidd Nebuchodonosor a ddinistriodd y deml fawr a gododd

Solomon yn Jerusalem. Ac ar lan afon Euphrates roedd Babilon a Thŵr Babel a'r gerddi crog a ystyrid yn un o saith rhyfeddod yr hen fyd. Ac fe gofir am yr Iddewon a gaethgludwyd yma yn emyn Dyfed a atgyfodwyd yn y llyfr emynau newydd, *Caneuon Ffydd*, sef 'I Galfaria trof fy wyneb'. Dyma'r ail bennill,

> Yno clywaf gyda'r awel
> Salmau'r nef yn dod i lawr,
> Ddysgwyd wrth afonydd Babel
> Gynt yng ngwlad y cystudd mawr.'

Fe aeth Mesopotamia yn rhan o ymerodraeth Twrci ond, diolch yn helaeth i ymdrechion T. E. Lawrence, Lawrence o Arabia, a aned yn Nhremadog, daeth yr Irac bresennol dan awdurdod Prydain wedi'r Rhyfel Byd Cyntaf, ond a lwyddodd i ddatblygu'n deyrnas annibynnol erbyn 1932. Mewn gwrthryfel Arabaidd llofruddiwyd y teulu brenhinol yn 1958 a daeth yn fath o weriniaeth a esgorodd, yn 1979, ar gyfansoddiad gyda Saddam Hussein yn bennaeth, ac sy'n dal yn bennaeth ar wlad sy'n llifeirio o laeth ac olew, ac yn ffiniau iddi, Twrci, Syria, Iorddonen, Saudi Arabia, Iran, Kuwait a'r culfor. Cymysgedd o lwythau Arabaidd Mwslemaidd yn Irac a'r Kurdiaid erlidiedig yn y gogledd, sydd wedi llwyddo i sicrhau mesur o annibyniaeth.

Ac er mai Arabeg ydi'r iaith mae pedwar papur dyddiol yn dod o Baghdad – un yn Saesneg a chylchrediad rhyfeddol o hanner miliwn iddo.

A sôn am bapur dyddiol yn dod â ni'n nes adref. Y *Western Mail* yn ymddangos ar ei newydd wedd fel y gwnaeth papur yr un cwmni, y *Daily Post*, heb blesio pawb. Arian Marcwis Bute a sefydlodd y *Western Mail* yn

1869 gyda'r Western yn ei deitl yn cyfeirio, nid at orllewin Cymru ond at orllewin Lloegr – megis pan sefydlwyd y BBC yng Nghymru ac yr erys y teledu masnachol.

Dyw'r ffaith mai'r *Daily Post* ydi'r cystadleuydd gogleddol ddim yn help i'r *Western Mail* fod yn bapur cenedlaethol, gan eu bod yn frodyr. Ond mae cryn grap ar y Gymraeg gan y Cymro o olygydd, a chwaneg o Gymraeg yng nghylchgrawn Sadwrn y *Western Mail*, yn cynnwys colofn newydd glodwiw Lefi Gruffudd. A'r ffaith fod papurau'r *Herald*, Caernarfon, a'r *Weekly News*, Conwy, yn perthyn i'r un cwmni, Trinity, â'r *Mail* a'r *Post* yn creu cryn ymerodraeth Gymreig – heb gyfri'r *Welsh Mirror*. Hynny ddim yn achosi gormod o bryder yn awr – ond beth pe llyncai rhyw Rupert Murdoch arall y cyfan?

RHY FAWR

29 Mawrth 2003

Dydw i ddim wedi cymryd rhan yn y dadleuon a gododd pan ddeallwyd mai ar Stad y Faenol y bwriedid cynnal y Brifwyl ymhen dwy flynedd, gyda'i dalgylch yn cynnwys Llŷn ac Eifionydd, a olygai y byddai bron i hanner can milltir o gyrraedd pobol Aberdaron.

Ond, ble mae'r Faenol? Wel, mae'n bosibl eich bod wedi gweld cyfeiriad at y lle, ond gyda 'f' fach yng ngherdd 'Yr Hen Chwarelwr' gan W. J. Gruffydd. Meddai:

> Chwyddodd gyfoeth gŵr yr aur a'r faenol
> O'i enillion prin a'i amal gur.

Oherwydd Assheton-Smith yn ei blas, y Faenol â'i barc eang ger y Felinheli, oedd perchennog hen chwarel fawr Dinorwig, oedd mor gydnabyddus i W. J., gyda'i gartref ym Methel gerllaw. Ac o'r Felinheli, neu Port Dinorwig, ar lan afon Menai yr allforid y llechi gynt.

Mae'r Felinheli hanner ffordd rhwng Caernarfon a Bangor, sy'n ddwy dref – fel Caerdydd ac Abertawe – sy'n mwynhau bod yng ngyddfau ei gilydd, ac mae plas a stad y Faenol, sydd wedi ei phrynu gan fentrwyr o Gymry Cymraeg lleol 'slawer dydd, ar ochor Bangor i'r Felinheli. A chododd bwriad i sefydlu'r Brifwyl ar y safle yma holl ragfarnau plwyfol Arfon, Llŷn ac Eifionydd, a deimlai mai ar Fôn a Bangor ac Ogwen y dylesid dibynnu am y gefnogaeth i Brifwyl yn y fan hyn.

Ond cyn dod i benderfyniad terfynol bu'n rhaid, oherwydd y protestio, chwilio'n galed am ganolfan fwy derbyniol. Ac fe fethwyd â darganfod un addas, digon mawr a gwastad gyda'r holl gyfleusterau na'r fan lle cynhelir gŵyl flynyddol boblogaidd Bryn Terfel ar dir y Faenol, sy'n codi'r cwestiwn mawr iawn – sef a yw hi bellach wedi mynd yn ddaearyddol amhosibl i wahodd y Brifwyl byth eto i froydd y rhan fwyaf o Gymru, yn enwedig y broydd gwledig lle mae'r Gymraeg gadarnaf, os glynir wrth ffurf bresennol ein Heisteddfod Genedlaethol.

Be ddigwyddodd? Dydi maint a gwastadedd y meysydd ddim wedi newid ac, os rhywbeth, cydio maes wrth faes fu yna. A *chafwyd* safle i'r ŵyl hyd yma. Mi fûm i ymhob Prifwyl er un Dinbych, tri deg naw, a gofiaf yn dda. Roedd hi ar gyrion y dre, oedd yn berwi o eisteddfodwyr ddydd a nos. Pan ddaeth yr ŵyl wedyn i

Ddinbych roedd hi'n fyd newydd gyda'i feysydd parcio ag ati a chefais i a'r mwyafrif ddim hyd yn oed gip ar y dre, fwy nag a gafwyd ar Dyddewi ym Mhrifwyl y llynedd.

Ym mhentref Meifod y darganfuwyd y darn tir addas ar gyfer y Brifwyl ym Maldwyn eleni, ac er mor eang ei dalgylch ymddengys hynny'n dderbyniol gan Gymry Maldwyn. Ond maen nhw wedi arfer â chynnal Eisteddfod symudol Powys a'i chefnogi ble bynnag y mae, yn flynyddol. Mae hi newydd fod yn llwyddiant tros y ffin yng Nghroesoswallt, ac rwy'n ei chofio'n ymweld am y tro cyntaf â'r dre honno. Ond eithriad ydi'r math eang yma o gefnogaeth a geir ym Maldwyn.

Yr oedd y ffaith i'r Brifwyl gael ei chynnal ar faes y sioe yn Llanelwedd yn awgrym fod problemau'n amlhau. Ond fu'r arbrawf hwnnw ddim yn sbardun i'r rhai fu'n dadlau tros safle neu safleoedd sefydlog – ac erbyn hyn buasai cost y rheiny yn enfawr.

Beth felly aeth o'i le? Mae'r ateb mewn chwe gair – mae'r Brifwyl wedi tyfu'n rhy fawr! Ac un ateb sydd yna os ydi hi i barhau ar ei thaith flynyddol trwy'r broydd Cymraeg, sef, mewn pedwar gair – mae'n rhaid ei chwtogi. A beth sydd wedi ei gwneud yn rhy fawr? Un ateb amlwg ydi'r holl bebyll, rhai'r Brifwyl ei hun a'r gweddill sy'n talu am eu lle ac sy'n help i dalu am yr ŵyl fel y mae. Ond gyda llai o bebyll busnes byddai'r galw am lai o gost i ddarparu ar eu cyfer ac yn haws dewis safleoedd cymhedrol eu maint. Ac mae yna ben draw ar faint o bebyll y medrid eu derbyn p'run bynnag. Does gan lu ohonyn nhw ddim o'r cysylltiadau eisteddfodol na diwylliannol i'w gwneud yn rhai y buasai'n rhaid dal i'w croesawu, a buasai colli llu o'r rheiny yn help i gynnal yr hen awyrgylch fwy cartrefol.

Mi wn mai y rhyfel sydd ar feddwl pawb, ond mae dyddiau ar ôl hwnnw a dyfodol y Brifwyl a'i chyfraniad i'n hiaith a'n diwylliant o dragwyddol bwys. Dydi'r byr ymateb yma a'i awgrym gan hen eisteddfodwr fel fi ddim yn mynd i ddatrys y broblem. Ond fedrwn ni ddim dal i fynd ymlaen fel hyn ac mae'n hen bryd cael yr ateb llawn, a buasai'r cyfarfod arbennig y galwodd W. R. P. George amdano yn gam cyntaf da – neu 'de' fel y buasai pobol Powys yn ei ddweud.

CHWARAE'N TROI'N CHWERW

10 Mai 2003

Cyn i mi ddod at y newydd mawr ac effeithiau'r etholiad ar y Cynulliad sy'n rheoli'n bywydau ni i gyd, rydw i am grybwyll atyniadau sy'n amlwg apelio'n anhraethol fwy na gwleidyddiaeth, sef chwaraeon. Er na fuasech chi'n credu hynny wrth wylio'r nifer o ferched sy'n arbenigwyr ar bob math o chwaraeon yn y cyfryngau, o snwcer i bêl-droed, dynion ydi'r prif chwaraewyr a chefnogwyr. Dynion yn unig oedd yn ymryson am bencampwriaeth snwcer y byd, yn chwarae i Abertawe a Manchester United a chricedwyr Morgannwg tros y Sul.

Bron nad yr unig grefydd sydd gan y miloedd erbyn hyn ydi ymlyniad addolgar i ryw dîm neu chwaraewr, ac mae'n rhaid i mi gyfaddef mai'r hyn a drodd y dyddiau'n hapusach i mi tros y Sul oedd dwy fuddugoliaeth tîm criced Morgannwg, dihangfa tîm Abertawe rhag bod y cyntaf a fu yn y prif gynghrair i ddiflannu o'r pedwar cynghrair, a champ fawr Mark Williams wedi brwydr arwrol ar y bwrdd snwcer.

Ac y mae llwyddiant a methiant chwaraewyr yn cael effaith ddofn ar eu cefnogwyr. Ac er nad oes gen i fawr i'w ddweud wrth rygbi mae colledion tîm Cymru yn gwneud fy mywyd bach i'n llwytach os ydi llwyddiant y tîm pêl-droed yn hwb i'r galon. Ac mi fydda i'n meddwl am yr effaith a gafodd llwyddiant tîm pêl-droed Lerpwl yn nyddiau mawr Shankly ar ei gefnogwyr, pan oedd y ddinas yn ddirwasgedig heb ddim arall i'r dineswyr lawenhau o'i blegid. Dydi chwaraeon ddim mor bwysig â gwleidyddiaeth ond maent yn fwy poblogaidd – ac mi gadawaf i nhw efo hynyna.

O edrych yn ôl, arbenigrwydd yr etholiad yng Nghymru oedd absenoldeb pwyslais ar argyfwng y Gymraeg, ar broblem y cefn gwlad, ar bwnc annibyniaeth Cymru, ac ar y rhyfel a fu. Ac arbenigrwydd arall, llwyddiant i'r blaid Lafur nas gwelwyd yn yr Alban na Lloegr. Wedi ennill y rhyfel roedd y duwiolgi Bush yn llawenhau, a hefyd Blair. Yntau wedi troi'n dduwiolgi a ddywedodd am ei ran yn y rhyfel, 'Gadawaf i fy Nghreawdwr fy marnu.' Ond eisoes fe'i barnwyd gan ei gyd-wladwyr pan gollodd Llafur afael ar gannoedd o awdurdodau lleol yn yr etholiad yn Lloegr.

I ba raddau y bu difrawder Plaid Cymru ynghylch y Gymraeg a'i hamharodrwydd i drafod annibyniaeth yn gyfrifol am ei cholledion sy'n gwestiwn anodd i'w ateb. Ond nid am golli seddau fel Islwyn roedd gan y Blaid le i bryderu, ond am y saith mil yr un o bleidleisiau a gollwyd ym Môn ac Arfon. O ganlyniad trodd arweinyddiaeth Plaid Cymru yn bwnc llosg. Simon Thomas, aelod disglair Ceredigion yn rhag-weld arweinydd newydd cyn yr etholiad nesaf a Dafydd Wigley am i Dafydd Êl gefnu ar y llywyddiaeth i atgyfnerthu aelodaeth y Cynulliad. Ond welodd yr Arglwydd mohoni'n fantais nac elw i ffarwelio â swydd a lanwodd yn ganmoladwy ddigon, ac ynddi y mae gyda'r rebel, John Marek, yn awr yn ddirprwy.

Ac er mor ddisyml ydi rhoi'r clod neu'r bai i gyd ar arweinydd unrhyw blaid wedi etholiad, wele fel ergyd o wn nos Iau y newydd mawr – Ieuan Wyn Jones yn rhoi'r ffidil yn y to wedi gwrthryfel, dryslyd a thrychinebus ei amseriad, hanner dwsin, sef hanner aelodau newydd Plaid Cymru. Newydd yr erys ei eco yn hir ac yn boenus yng Nghymru.

A chyda'r ymgiprys wedi cychwyn eisoes am swydd Ieuan Wyn ym Mhlaid Cymru, wele ailsefydlu Rhodri Morgan yn Brif Weinidog ar lywodraeth Lafur wedi i aelodau'r blaid honno ofalu bod dyddiau'r glymblaid ar ben.

Mi ddechreuais i hefo chwaraeon ac rydw i am orffen hefo mwynhad, sef y cofio cymeradwy ar S4C am yr hen ddiddanydd mawr, Charles Williams. Welwn ni byth eto gymeriad fel Charles, oedd yn gynnyrch diwylliant gwerin Môn, fel yr oedd ei gydoeswr mwy llengar, Guto Roberts, yn rhan o ddiwylliant gwerin Eifionydd. Actorion wrth reddf, nid trwy hyfforddiant.

Un cof am Charles. Sôn wrtha i yr oedd o am yr amser pan fu'n rhan o'r rhaglen radio *The Archers*, gan deithio o Fôn i Pebble Mill, Brimingham, i recordio ei ddarn. Cychwyn mewn da bryd, cyrraedd cyn pryd – a be wnâi o i dreulio'r aros? Wel, sgrifennu pregeth. Ac wrth wylio Charles ar aildelediad o'r ddrama *Mr Lollipop M.A.*, sylwi ar y rhes ar ei diwedd o enwau'r rhai o'r BBC fu'n ei chynhyrchu gyntaf erstalwm – yn ffotograffwyr, cynllunwyr ag ati, yr oeddwn yn eu nabod mor dda ddyddiau a fu cyn i ormod ohonyn nhw ffarwelio â ni, i fy nhrist atgoffa mai dim ond ymwelwyr â hyn o fyd ydan ni i gyd, ac i ofer holi a oes yna bwrpas i ni fod yma o gwbwl – gan ddiolch na fu'n rhaid i mi arwain unrhyw blaid wleidyddol ddyddiau f'oes.

GWIBEROD GWENWYNIG

17 Mai 2003

Y gêm brydferth maen nhw'n galw chwarae pêl-droed. Ac fe â clod y tymor i dîm dyrchafedig Wrecsam, gyda'r Barri yn bencampwyr y clybiau bach a thîm y brifddinas yn gweddïo na fydd yn boddi yn ymyl y lan am yr eildro.

Ond nid am y gêm brydferth ond am y gêm fudur, sef gwleidyddiaeth, rydw i am sôn gan ganolbwyntio ar y nyth cacwn yna sydd ym Mhlaid Cymru. Mae wythnos yn amser maith mewn gwleidyddiaeth, yn ôl Harold Wilson, ac mi gymerodd ddyddiau'n unig i wneud lobsgows o lanast ym Mhlaid Cymru.

Fore Iau, wythnos yn ôl, yr oedd ei harweinydd, Ieuan Wyn Jones, gyda'i ymateb yn y wasg i ganlyniadau anffodus ei blaid yn etholiad y Cynulliad, ac mewn llawn hwyl yn ystyried be aeth o'i le a sut i fynd o'i chwmpas hi i greu gwell dyfodol. Ond cyn i'r haul fachlud y nos honno roedd Ieuan Wyn wedi ymddiswyddo. Fe ysbrydolodd hyn bob math o straeon a throi'n straen ar fathemateg y newyddiadurwyr. Achos yn wreiddiol cyhoeddwyd fod yna chwech o aelodau'r Cynulliad wedi cyfarfod y noson cynt yng nghartref Helen Mary Jones, oedd wedi llwyddo i golli ei sedd yn Llanelli ond ei chadw gyda'r dewisiadau rhanbarthol. Y chwech, meddid, oedd Helen Mary Jones, Doctor Dai Lloyd, Janet Davies, Janet Ryder, Elin Jones ac Alun Ffred Jones. A dydd Iau wele Dai Lloyd yn prysuro i ymweld â Ieuan Wyn Jones i ddweud wrtho, meddir, faint o ffydd ynddo oedd gan y chwech, a olygodd nad oedd gan Ieuan Wyn Jones ddewis ond ymddiswyddo.

Ond daliwch eich gwynt. Wele Alun Ffred Jones yn datgan nad oedd yno'n un o'r chwech, a chafwyd wedyn nad oedd Elin Jones yno chwaith, oedd yn gwneud y chwech yn bedwar. Ac i ychwanegu at y dryswch cyhoeddwyd yn y wasg fod yna wyth o aelodau Plaid Cymru'r Cynulliad, ond heb enwi'r un, yn rhan o'r gwrthryfelwyr yn erbyn Ieuan Wyn.

Ymatebodd Elfyn Llwyd, yr Aelod Seneddol tros Feirionnydd, mewn cyfweliad, y gwyddai fod yna ymgyrchu mor fawr rhwng Aelodau Cynulliad Plaid Cymru nes ei fod o, er yn Llundain, wedi clywed am hyn er na chysylltodd neb ag o ac, wedi pwysau trwm arno, fe gytunodd mai Helen Mary Jones oedd y tu ôl i hyn oll.

Gwadodd Janet Ryder fod yna wrthryfel gan yr aelodau yr oedd hi yn un ohonyn nhw yng nghartref Helen Mary Jones. Ac yna gwadodd Helen Mary Jones ei hun fod yna wrthryfel, dim ond ychydig ffrindiau wedi dod ynghyd yn mynegi pryder fod Ieuan Wyn fel pe bai heb iawn ddeall natur ei broblemau. Camddealltwriaeth oedd y cyfan oll meddai hi. Ond ar bwy oedd y bai am y camddealltwriaeth?

Mae'n anodd cael y stori lawn am y cyfan a ddigwyddodd ond mae yna rai ffeithiau diymwad. Mi fu yna ymgynghori rhwng aelodau Plaid Cymru o'r Cynulliad. Mi fu yna gyfarfod yng nghartref Helen Mary Jones. Fe aeth Dai Lloyd, y bore wedyn, i weld Ieuan Wyn gyda'r newyddion am y cyfarfod. Fe ymddiswyddodd Ieuan Wyn yn syth bìn wedi'r ymweliad yna.

Ond roedd yna ffaith bwysig a hysbys arall, sef bod Pwyllgor Gwaith Plaid Cymru i gyfarfod yn Aberystwyth y Sadwrn diwethaf un, lle byddai'n adolygu canlyniadau'r etholiad – sy'n codi cwestiynau, sef, os oedd yna anesmwythyd ynglŷn ag arweiniad Ieuan Wyn pam na fuasai pob beirniadaeth wedi ei chadw i'r pwyllgor, a hefyd be'n union a ddywedodd Dai Lloyd wrth Ieuan Wyn. Yn y Pwyllgor Gwaith galwodd Elwyn Vaughan, cyfarwyddwr etholiad Plaid Cymru, aelodau cynllwyngar o'r blaid yn y Cynulliad yng Nghaerdydd yn wiberod gwenwynig y dylesid eu disgyblu. A Cynog Davies yn sôn wrth Gwilym Owen am ymweliad arbennig â Dafydd Wigley cyn iddo ymddiswyddo.

Ac ynghanol yr holl helynt fawr wele Dafydd Wigley yn y *Caernarfon and Denbigh Herald* fore Gwener, wythnos yn ôl, yn datguddio i uchel aelodau Plaid Cymru ei rwystro rhag rhoi ei enw ar restr etholiadol Rhanbarth y Gogledd, fel y gallasai ddychwelyd yn aelod o'r Cynulliad. Nid yn unig pryderid y buasai hynny'n golygu i Janet Ryder golli ei sedd o bosib a hefyd y gallasai ei ddychweliad i'r Cynulliad danseilio Ieuan

Wyn. Penderfyniad a wnaed, medd Dafydd Wigley, er iddo roi deng mlynedd ar hugain o wasanaeth i'r Blaid.

A hyd nes dewisir ei olynydd ymhen pedwar mis, bydd yn rhaid i Ieuan Wyn druan fyw gyda, ac arwain, aelodau o'r Cynulliad a alwyd yn wiberod gwenwynig. A'r peth cyntaf i'w olynydd ei wneud ydi gosod arwydd uwchben ei ddrws – Dim Ymwelwyr!

CLUSTEN I'R IWRO

28 Mehefin 2003

Mae'r ymchwiliad swyddogol i'r gwir resymau tros gyhoeddi rhyfel ar Irac yn dal yn bwnc llosg. Ond os ydi'r rhyfel ar ben mae llanc o filwr ugain oed o Lanuwchllyn newydd golli ei fywyd yn y cawdel a grëwyd yng ngwlad yr Arabiaid, lle mae'r meysydd olew yr ymgymeriadau cyntaf i'w cael i weithio, sy'n dweud lot.

Ond mi ganolbwyntiaf i ar ddau bwnc llosg arall sy'n nes adref, sef dyfodol y bunt a hawliau rhieni i ddisgyblu eu plant. Ac mi ddechreua i hefo'r bunt. Yn ôl yr arwyddion, nid a yw i ddiflannu ydi'r cwestiwn ond pa bryd y llyncir hi gan yr iwro. A phan ddigwyddith hynny fe fydd yna chwyldro anodd tros ben i ddygymod ag o yn wynebu'r rhai hŷn ohonon ni. Ond mi fydd y newid yn effeithio ar bob un wan jac, o'r plentyn sy'n prynu melysion yn y siop i'r goludog sy'n gamblo ar y farchnad stociau.

Eisoes mae'r kilo wedi dod i'n poeni ni gyda thunnell a phwys ac owns yn troi'n eiriau diflanedig, a'r gyfundrefn fetrig yn prysur ladd y fodfedd sy'n lled y bawd a'r droedfedd sy'n lled troed, gyda'r arian degol wedi gwneud *niwc* a *sei* a *mag* yn ddiystyr am geiniog a chwech a swllt ar wefus cofis Caernarfon. Ond pan awn i'r siop neu'r farchnad mae'r bunt, diolch byth, wedi cadw'i phen i gadw prisiau, ag ati, yn rhesymol ddealladwy. Ond buasai diflaniad y bunt, sy'n werth can ceiniog heddiw, am iwro, fasa'n werth rhyw saith deg o geiniogau, yn mynd â byd bach pobol fel fi â'i ben iddo a'n gadael heb wybod be ydi gwerth unrhyw beth.

Ac os daw'r refferendwm i holi a ydan ni am gadw'r bunt ai peidio, mi fydd gen i broblem fawr iawn os bydda i'n dal yma. Fuaswn i'n croesawu'r iwro? Na fuaswn, am y buasai'n creu problemau rif y gwlith i mi. Ond pe medrwn edrych yn ddiragfarn ar bethau buasai'n rhaid derbyn mai peth hwylus a da ydi i'r gwledydd Ewropeaidd fod gyda'r un gyfundrefn ariannol. Ac at hynny mae pethau'n prysuro. Ond fedra i yn awr ddim ond holi fy hun – sut mae gwerin fel un yr Eidal wedi dygymod â'r newid i'r iwro, sy'n fenter fawr iawn iddyn nhw? Achos, dan yr hen drefn, fe gaech y swm afresymol o ddwy fil a hanner o lira am bunt, tra'n awr, chewch chi ddim ond chydig dros un iwro amdani yn yr Eidal. Ond fe bery yr hyn gaech chi am yr iwro mewn gwahanol wledydd i amrywio, gan ddibynnu ar gryfder economaidd gwahanol y gwledydd.

Ac mi adawn ni'r iwro, gan hyderu na welir mohoni hi yma yrhawg, a throi at y plant ac at ba mor gyfreithiol bell y medr rhieni fynd wrth eu disgyblu. A'r hyn a ddywedir ydi – peidiwch â chodi pen eich bys i'w cosbi wrth geisio'u cadw mewn trefn, sy'n wahanol iawn i'r hyn a fu. Nid na chefais i achos i gwyno nac achos i gosbi'r un o'r plant.

Ond pan oedd fy mam yn hogan bach yn Llangybi gan mlynedd yn ôl, byddai gŵr a godai ofn ar y plant yn galw heibio i'r pentref bob rhyw hyn a hyn, gan weiddi 'Wialan fedw geiniog, Chwipio tin plant drwg.' A Wil Wialan Fedw oedd ei enw, ac ymron ym mhob cartref mi fyddai yna wialen fedw yn hongian uwchben y silff ben tân. Faint o ddefnyddio fyddai arni fedra i ddim dweud ond mi wn fod y geiriau chwip din yn golygu rhywbeth erstalwm, a phresenoldeb y wialen wedi helpu i gadw plant ddoe yn fwy disgybledig na rhai heddiw.

Am gamfyhafio yn fy oes i fe allasech gael ambell glustan haeddiannol weithiau, ond yn yr ysgol yr oedd y wialen *(cane)* yn erfyn cyffredin iawn, a doedd plisman y pentref ddim tu hwnt i'ch sgrytian chi am fynd tros ben llestri. A rhag i ni ddechrau teimlo'n rhy hunangyfiawn heddiw, wedi i'n plant drwg ni dyfu'n bobol ddrwg welwn ni ddim o'i le o wneud y jêl yn gosb, sy'n waeth nag ambell beltan.

Fy hun, wela i ddim o'i le mewn rhesymol gosbi plant am wneud drygau, ond mae curo plant yn go iawn yn beth na ddylesid ei oddef ar gyfri'n y byd. Eto, mi ddyweda i hyn. Gynt, at ei gilydd, roedd y rhieni adref i ofalu am y plant, a doedd y plant ddim yn tyfu'n ormod o bobol ifanc oedd yn datblygu'n hwliganiaid a'i gwnâi'n beryglus i droedio strydoedd mannau fel Caernarfon ar nos Sadyrnau. A doeddan nhw, chwaith, ddim yn blant oedd yn ymosod ar eu hathrawon yn yr ysgolion. Ac wrth ofalu nad yw plant heddiw yn cael eu cam-drin rhaid gofalu hefyd nad ydyn nhw'n tyfu i gam-drin pobol eraill.

PLASTIG

23 Awst 2003

Gyda'r cof am y Brifwyl fawr lwyddiannus ym Mhowys yn dechrau pylu mae'r pryderon am ddyfodol yr ŵyl yn ailafael, nid yn gymaint am ei natur ond am ei maint a'i chost, ac mae yna hen chwilio am iachawdwriaeth.

Does yna fawr o broblemau gyda natur yr ŵyl fawr, ac un o'r ychydig argymhellion penodol a wnaed oedd galw am seremoni'r Orsedd i anrhydeddu enillydd gwobr Daniel Owen am nofel, sy'n gofyn gormod. Mae'r pum mil o bunnau o wobr yn fwy gwerthfawrogol na seremoni, a buasai galw ar aelodau'r Orsedd i orymdeithio i'r Pafiliwn am y pedwerydd tro, ar ben dau gwrdd boreol, yn gofyn gormod, ac mi fuasai'n ormod o bwdin.

Eisoes mae sicrhau tair seremoni yn y Pafiliwn, gyda phob un yn mynd â'r rhan orau o dri chwarter awr o amser cystadlu ar y llwyfan, yn creu rhai problemau, fel y gwelwyd eleni pan oedd seremonïau'r coroni a'r cadeirio tros hanner awr yn hwyr yn cychwyn. Ac fel un sy'n aelod, ac un hollol ddiffaith, o Orsedd y Brifwyl ac un Cymrodoriaeth Powys, ond sydd erioed wedi difrïo'r Orsedd, sydd mor hawdd ei wneud, ac sy'n mawrygu'r pasiantri, rydw i, wedi hanner can mlynedd o hefru, wedi methu â chael un maen i'r wal – neu'n fanylach un o'r meini – sef wedi galw am feini plastig i'r Orsedd, tebyg i'r rhai sydd yn yr Amgueddfa ac na fedrir gwahaniaethu rhyngddyn nhw a'r rhai gwreiddiol, yn lle'r cerrig trafferthus gostus i'w codi sy'n ddisymud aros ar eu traed.

Yng Nghricieth, cartre'r cyn-Archdderwydd, fel enghraifft, bu'n rhaid symud y lot i godi tai ar y safle ac yn y Brifwyl olaf yng Nghaernarfon gofalodd y glaw na ddefnyddiwyd mohonyn nhw o gwbwl. Buasai'r meini plastig yn dal ar gael ac am eu bod yn symudol medrid dewis mannau prydferthaf a mwyaf rhamantus bro'r Brifwyl i'w codi a'u gostwng, heb iddyn nhw amharu ar un dim. Ac o gofio mai cerrig a gariodd yn ei bocedi oedd meini'r Orsedd gyntaf un a sefydlodd Iolo Morganwg, welaf i ddim beth sydd yn erbyn meini plastig.

Fel roeddwn i'n dweud, rydw i wedi dadlau tros y meini yma am hanner can mlynedd – ac mi ddalia i i wneud am hanner can mlynedd arall os bydd raid ac y bydda i yma. Fuasai eu cael ddim yn help na rhwystr i Brifwyliau'r dyfodol a'u problemau, ac mae'n rhy fuan i fanylu ar y meddyginiaethau. Ond wedi gweld tros drigain Steddfod a helpu i'w cyflwyno yn y wasg, ar y radio a'r teledu, dim ond dau beth sydd gen i i'w ddweud yn awr. Un bach, sef gobeithio mai dim ond si ydi'r bwriad i gau'r babell lle mae rhieni'n gadael eu rhai bach. Ac un mawr, sef y math o Eisteddfod Genedlaethol y dyfodol y mae'n rhaid anelu amdani ydi un fedr ddal i ymweld â broydd fel Llŷn ac Eifionydd.

Un newydd-beth na sylwyd ei fod yn y Brifwyl eleni, i helpu i draddodi beirniadaeth o'r llwyfan lle mae'n ymarferol, sef *autocue*. Nes ceir un gwell rwy'n awgrymu 'cofarydd' yn enw Cymraeg arno, am na wna cofiadur y tro.

Ac wele ganlyniadau arholiadau y TGAU i'r disgyblion truan, i brofi mai yn holl hanes Cymru dyma'r plant mwyaf dysgedig, neu'n cael eu dysgu orau, neu sy'n cael yr arholiadau hawddaf.

Ac nid yr arholiadau lu sydd wedi eu diraddio, ond graddau'r Prifysgolion hefyd, gyda'u diderfyn ddewis o bynciau a fabwysiadwyd yn America ac sy'n fwy addas ar gyfer colegau technegol. Ac mae cymaint o amau gwerth graddau'r arholiadau nes mae'r hen Brifysgolion fel Caer-grawnt yn derbyn neb ond rhai wedi cael cyfweliad, waeth sawl 'A' fydd ganddyn nhw.

Sylwais yn yr *Observer* ar y cannoedd o lefydd sy'n dal ar gael mewn ugeiniau o Brifysgolion lle medrir graddio mewn weldio, coluro (sef *make-up*), hamdden, sgidiau – ie, sgidiau – dilladau, ffermio pysgod yn ogystal â gwartheg a defaid. Sut y llwyddodd fy hynafiaid i fyw, deudwch? Welais i 'run cyfeiriad at y radd am wneud jam riwbob mae Gwilym Owen yn sôn amdani, ond mae 'na radd mewn *Bakery* (Pobi), ac mi allasai'r jam yn hawdd fod yn honno.

ANNIBYNIAETH

27 Medi 2003

Mi fu'n ddyddiau mawr yn hanes Plaid Cymru – mwy nag y mae neb yn feddwl. Achos trwy ddod i benderfyniad mawr mae yna ganlyniadau mawr. Tri gair sydd wedi symbylu'r ddrama. Ymreolaeth, sy'n air a luniwyd gan Emrys ap Iwan, hunanlywodraeth ac annibyniaeth. I aelodau cyffredin y blaid roedd y tri'n golygu'r un peth fwy na heb, sef rhyddid i Gymru i reoli ei hunan. Ond i'r arweinwyr roedd yna ystyron gwahanol i bob un, a arweiniodd at ddehongliadau a gwahaniaethau a greodd ddryswch i'r aelodau.

Pan ddewiswyd Dafydd Iwan yn Llywydd fe wynebodd ar y dryswch yma'n syth gan ddatgan ei fod tros hunanlywodraeth ac na welai un dim esgymun yn y gair annibyniaeth. A medrid dadlau y gallesid bod wedi derbyn ei ddatganiad fel y gair olaf, tros dro o leiaf, ar y pwnc gan nad yw sylweddoli yr un o'r geiriau yn debygol o ddigwydd yrhawg, ond penderfynu gosod y dewis i'r gynhadledd yn awr a wnaed. Sy'n cymell dyn i ymholi be'n union mae Plaid Cymru wedi bod yn ei bregethu am dros dri chwarter canrif heb orfod cynnal pleidlais hyd yr awron i benderfynu be ydi'r testun. Ac a yw hyn oll megis gweld y Blaid Lafur yn penderfynu pleidleisio tros sosialaeth – nid bod hynny'n debygol dan Tony Blair?

Ond cafodd Plaid Cymru ei phleidlais. Cliriodd yr awyr a chliriodd feddyliau'r aelodau. Nid bod yr arweinwyr yn berffaith gytûn; Yr Arglwydd Elis Thomas yn ymwrthod â bodolaeth ac ystyr y fath air ag annibyniaeth gyfoes, Dafydd Wigley yn dal na bu annibyniaeth erioed ar raglen Plaid Cymru, Ieuan Wyn Jones yn osgoi'r gair a'r bleidlais, ac Elfyn Llwyd yn bwrw coelbren tros hunanlywodraeth.

Ac mae sŵn tabyrddau penderfyniad y Gynhadledd wedi llwyddo i ddeffro'r rhagfarnau yn erbyn Plaid Cymru. Eisoes yn y *Wales on Sunday* – a diolch nad oes yna *Welsh Mirror* bellach – mae'r colofnydd Rhyddfrydol,

Lembit Öpik, yn agor yr ymosodiad trwy holi a fydd gan y Gymru annibynnol ei harian ei hunan, ac onide pam cael annibyniaeth o gwbwl, a haera y buasai'r trethi y rhai uchaf yn Ewrop ac yn ddychryn i'r buddsoddwyr. Holi hefyd a fyddai yna blismyn ar y gororau i reoli'r mewnlifwyr a phrawf dinesig ar ymfudwyr i Gymru.

A dyw hynna'n ddim ond rhagflas diniwed o'r hyn y bydd yn rhaid i Blaid Cymru ei wynebu yn y dyfodol. Dydi gynnau mawr y Blaid Lafur ddim wedi tanio eto. Ond mae yn y Blaid Lafur hefyd bobol sydd am weld Cymru yn ei rheoli ei hun ac am weld y Gymraeg yn cael ei diogelu, ac fe fydd yn rhaid sicrhau cefnogaeth y rheiny hefyd os am sicrhau'r nod. Ac mi fydd yn rhaid i'r lleisiau gwahanol tu fewn i Blaid Cymru ei hun ddod i gytgord, neu welwn ni ddim byd.

Mae yna ddydd mawr i ddod – un o ddyddiau tyngedfennol Cymru – dydd yr etholiad nesaf i'r Cynulliad, lle dibynna tynged yr annibyniaeth ar fesur llwyddiant neu fethiant Plaid Cymru y dydd hwnnw. Fydd y frwydr ddim yn hawdd a'r gost o'i cholli yn enfawr.

Ac mi drof at ddwy golled hollol annisgwyl a fu y Sadwrn diwethaf. Dau Williams, Gareth a Bob. Yr Arglwydd Williams, Gareth, yn enwog, uchel ei barch, dethol ei eiriau, doeth ei arweinyddiaeth o Dŷ'r Arglwyddi. Mab i ysgolfeistr ym Mostyn, Sir y Fflint, bargyfreithiwr disglair cyn troi'n wleidydd gan gadw ei gysylltiadau Cymraeg yn gyson gynnes.

A'r llall, fy mrawd, Bob, a gollwyd yr un mor annisgwyl 'run pryd ym mherfeddion Lloegr. Gadawodd gefn gwlad Eifionydd gyda chymeriad o fachgen o

Bwllheli am y môr ar y llongau bach, a alwyd yn Welsh Navy oherwydd y llu o Gymry oedd arnyn nhw, yn cludo bwydydd o Rwsia i'r gweriniaethwyr yn Sbaen adeg y rhyfel cartre, gyda chapteiniaid nid anenwog, fel Potato Jones, na raid manylu ar natur ei gargo.

Ar y llongau grawn roedd Bob ac ymosodid arnyn nhw gan awyrennau Hitler pan gyrhaeddent Môr y Canoldir. Aeth un fom trwy ddec llong roedd Bob arni, ac i'r grawn islaw heb danio. Pan gafodd anaf a thriniaeth mewn ysbyty yn Barcelona dychwelodd adref, wedi colli un bys, ar long ryfel Brydenig. Bu'n rhaid iddo droi am Loegr i hel gweddill ei damaid digon cyffredin. Ei weld yn achlysurol. Ei gofio'n wastadol. Doedd o ddim yn enwog nac yn adnabyddus. Ond yr oedd o'n frawd i mi.

FFLAT HUW PUW

29 Tachwedd 2003

Mi ddechreua i heddiw trwy adrodd stori. Tros ugain mlynedd yn ôl roeddwn i a fy merch, Ffion, tros wyliau'r Pasg, wedi mynd gyda fy wyres, oedd yn fabi, i dref fechan Finale yn Liguria yng ngogledd yr Eidal. Roedd hi'n dawel fel y bedd ar lan y môr heb fawr fwy nag ambell gwch pysgota yn dod i'r lan. Rhy gynnar i'r ymwelwyr.

Roeddwn i'n smociwr reit solat ar y pryd a dyma fynd i chwilio'n obeithiol am fy mhaced Players beunyddiol. Cael siop ond dim digon o Eidaleg ar gyfer y siopwr, ond wele wraig yn ymddangos,

'*Oh*,' meddai hi, '*you're English.*'

'*No*,' medda finna, '*I'm Welsh*.' A dyma hi'n sirioli a dweud iddi hi fod yng Nghymru adeg y rhyfel yn blentyn cadw – ifaciwî. Pan holais hi ymhle dyma ddweud mai prin fy mod i'n gwybod am y lle.

'Mi gawn ni weld,' medda finnau, a'r ateb oedd,

'Wel, yn ymyl lle o'r enw Nefyn.'

Wedi pwyso arni mi eglurodd mai yn Edern, ac wedi pwyso ymhellach, yno mewn lle o'r enw Hen Felin. Ac y mae'r felin nad yw heno'n malu yn hen. Cyfeirir ati ar lan afon Geirch ac at felin Gwynus gan yr hanesydd Nennius tros fil o flynyddoedd yn ôl fel melinau perthynol i Nefyn.

A pham rydw i'n sôn am hyn oll? Am mai am iddo dreulio cynifer o'i ddyddiau hamdden yn Hen Felin Edern y daeth John Glyn Davies i greu'r cerddi hyfrytaf a wnaed i blant Cymru yn ei siantiau a'i ganu am Fflat Huw Puw ag ati. Ac yn Edern y noson o'r blaen fe gyfareddwyd y cwmni a ddaeth yno gan blant ysgol gynradd y pentref yn canu'r cerddi, pan lansiwyd yno gyfrol sylweddol gan Wasg Pantycelyn. Y teitl yn llawn ydi *Mi Wisga i Gap Pig Gloyw, John Glyn Davies 1870–1953, Shantis, Caneuon Plant a Cherddi Edern*, pris pymtheg punt. Awdur y cofiant, Cledwyn Jones. Ydach chi'n cofio Triawd y Coleg? Roedd Cledwyn yn un ohonyn nhw.

Yn nechrau'r gyfrol fe olrheinir hynafiaeth Glyn Davies, sy'n ymgyrraedd i'r ddeuddegfed ganrif. Un o'r aelodau nodedig ydi Angharad James, a fu farw ddau gant a hanner o flynyddoedd yn ôl. Gwraig ryfeddol yn ei chyfnod yn fardd yn y caeth a'r rhydd a thelynores gerddgar dros ben. Ond yn llawer nes atom ni yn y teulu roedd y pregethwr mawr John Jones Tal-y-sarn, oedd yn daid i J. Glyn Davies. Ac er na wnaed fwy na'i grybwyll yn y gyfrol, brawd i Glyn Davies oedd George M. Ll. Davies, yr heddychwr addfwyn oedd o natur hollol wahanol.

Gŵr busnes yn Lerpwl, gwerthwr te a aeth i drafferthion, oedd ei dad ond ei fam yn lodes o Lŷn. A cheir cryn gyfeiriad at ei frawd, Frank, yn y gyfrol am ei fod yn llongwr ac yn gybyddus â'r caneuon môr yr ymhyfrydai Glyn Davies ynddyn nhw, ac am ddegawdau yn dod ar ei sgawt hefo llong o Lerpwl i Gaernarfon ac ymlaen i Bortinllaen yn fwy amal na neb, a thua Hen Felin Edern ac i Lŷn ac Eifionydd, a ystyriai yn lle i enaid gael llonydd.

Ar yr ymweliadau yma â'r Hen Felin, diolch i Richard Morus Roberts, yr hen felinydd diwylliedig, yr ysbrydolwyd Glyn Davies i gyfansoddi ei gerddi enwog. Parhâi Portinllaen yn borthladd diddorol ac o'r mymryn lleiaf o bleidleisiau y penderfynwyd nad yno ond yng Nghaergybi yr oedd y porthladd ar gyfer Iwerddon i'w ddatblygu – a lle i ddiolch mai felly y bu. Ond ymwelai llongau Portinllaen â phellafoedd daear a bu fy hen daid, oedd yn dyddynnwr ger Edern cyn dod yn ffermwr i Eifionydd, yn saer ar rai o'r llongau yma.

Yn y gyfrol ceir lluniau pump o longau hwyliau a rydd syniad i ni beth oedd brig a sgwner, gyda'u dau neu dri mast. Ac yn wir i chi, ceir yma ddarlun o *Fflat Huw Puw*, llong un mast gyda'i gwaelod llydan, oedd yn llong go iawn a aeth yn ddrylliad ar ynys Sant Tudwal ar fordaith o Gaernarfon. A'r gyfrol hefyd yn cynnwys pedair a deugain o gerddi Glyn Davies gyda'r alawon mewn hen nodiant a sol-ffa a llu o luniau diddorol.

Cyhoeddwyd y gyfrol *Fflat Huw Puw a Cherddi Eraill* yn 1923, ar anogaeth Jennie Thomas, Bethesda, a'i gwelai'n gyhoeddiad ardderchog ar gyfer plant ysgol, ac fe ddaeth yn ffefryn mawr. Dilynwyd gyda *Cerddi Robin Goch* yn 1934 a *Cerddi Portinllaen* y flwyddyn wedyn. Am *Gerddi Robin Goch* dywed Cledwyn Jones mai dyma'r casgliad gorau erioed ar gyfer plant dan saith oed. Cyhoeddwyd *Cerddi Edern* yn 1955, wedi ei farwolaeth.

Yn y byd academaidd roedd gan John Glyn Davies ei feirniaid. Roedd yntau am waed John Morris-Jones ond yn gyfaill mawr i Iorwerth Peate. Ei gyfaill mwyaf tu allan i Lŷn oedd J. O. Williams, Bethesda, a gyfansoddodd, gyda Jennie Thomas, y *Llyfr Mawr y Plant* enwog. A dyma gan Cledwyn Jones drysor o gyfrol i gofio amdano.

CYN OERI'R GWAED

24 Ionawr 2004

Fel yr oedd yr wythnos yn tynnu'i thraed ati y daeth yr ergyd i ni'r Cymry – colli Islwyn Ffowc Elis ar drothwy ei bedwar ugain, yn dilyn colli ei gyfaill mawr, Robin Williams. Ac yn rhyfedd roedd Islwyn yn aelod gwreiddiol o Driawd y Coleg, a chyda Robin a Merêd yn ddiddanwr cynnar cyn troi'n un o ddiddanwyr mwya'r genedl.

Cafodd yrfa amrywiol – yn weinidog yr efengyl am ei fod yn Gristion, yn ymgeisydd Seneddol am ei fod yn wladgarwr, gan gyfrannu'n glodwiw i'w enwad a'i blaid heb fod bob amser yn dawel ei feddwl fel unigolyn addfwyn.

Ond cyn oeri'r gwaed yn y pumdegau pan gyhoeddodd ei ysgrifau fe deimlwyd yn syth fod yna lais newydd apelgar yng Nghymru. A bu'r ymateb yn help i Islwyn ddilyn ei wir alwedigaeth – llenor. A'i wir bleser hefyd, a llwyddiant ysgubol *Cysgod y Cryman* yn cyhoeddi'n groyw fod yna nofelydd newydd wedi cyrraedd o'r diwedd, yn wir olynydd i Daniel Owen. A rhoddodd y tegan newydd – y teledu – hwb enfawr i'r llwyddiant. Y cyfan a fedraf i ei ddweud ydi – diolch amdano, a diolch bod cyfrol sylweddol o hanes ei fywyd a'i gyfraniad wedi ei chyhoeddi gan Robin Chapman cyn iddo fynd.

Ac os bu'r wythnos yma'n golledus i Gymru bydd yr un nesaf yn un fawr iawn i wleidyddiaeth Prydain. Ddydd Mawrth bydd y bleidlais dyngedfennol ar y mesur i ariannu Prifysgolion Lloegr trwy godi ffioedd o hyd at dair mil o bunnau'r flwyddyn ar fyfyrwyr, sydd wedi codi gwrychyn aelodau'r Blaid Lafur, a fedrai danseilio'r mesur – a Tony Blair. Yr holl broblem wedi ei chodi trwy ddod â phynciau galwedigaethol, lle bu ysgolheictod, i'r Prifysgolion a chwyddo nifer y myfyrwyr. A heuo'r gwynt a fed y corwynt.

A dilynir hyn oll ddydd Mercher gan gyhoeddi adroddiad Hutton ar dynged y Cymro o'r Rhondda, David Kelly, a allasai gyhuddo Blair o fod yn rhy gynnil gyda'r gwirionedd wrth ei drafod.

Ac mi ddiweddaf i gyda thri ymweliad â'r wasg a'r teledu. Yn gynta'r newydd am y tros naw miliwn a ddaeth o'r loteri i Mary Jones yn y Bala, a da gweld yr arian yn mynd i ble'r aethon nhw. A'r hyn sydd gen i ydi rhoi deg allan o ddeg i Hafina Clwyd am ei herthygl Gymraeg glodwiw yn y *Western Mail* rygbïaidd lle mae hi – a hi yn unig hyd y gwelais i – yn cofio ar yr un gwynt am y Mary Jones chwedlonol arall a gerddodd yn droednoeth o eithafion Meirionnydd i sicrhau ei thrysor mawr hithau yn y Bala, sef Beibl Thomas Charles.

Yn eilbeth: wedi wythnos helbulus dros ben mi setlais nos Sadwrn i wylio hen ffilm ar BBC2, sef *The Inn of the Sixth Happiness*, fu'n enwog yn ei dydd gyda'i stori Tsieineaidd am Ingrid Bergman yn achub haid o blant rhag milwyr Siapan trwy eu harwain trwy afonydd a thros greigiau. Ond yr hyn, yn un peth, a'm denodd i at ei dwy awr a thri chwarter, oedd y ffaith nad draw draw yn Tseina y ffilmiwyd crynswth y golygfeydd ond yng Nghymru, yng ngefndiroedd Beddgelert yn Eryri ac yng nghyrion Cwmstradllyn yn Eifionydd, ac rwy'n cofio gweld yr adeiladau a godwyd, a mwy na hynny cofio mai dau a gymerodd ran yn y ffilm oedd Wil Napoleon a Mons Bevan, prif hen gymeriadau'r isfyd yng Nghaernarfon. Welais i 'run o'r ddau yn y cannoedd o'r *extras*, ond yr oeddan nhw yno.

Ac yn olaf, mi wyliais ar y teledu nos Sul Real Madrid yn chwarae Real Betis. Real yn golygu brenhinol. A'r hyn a'm llygad-dynnodd oedd enw cefnwr chwith tîm pêl-droed Real Betis, sef Lembo. Mi wyddwn amdano am ei fod yn chwaraewr cydwladol. Lembo ydi gair Eifionydd am dipyn o ffŵl ac mi feddyliais am y cyflawnder o enwau Cymraeg sydd yna ar bobol felly, ac mi es ati i hel un ar ddeg i wneud tîm pêl-droed ohonyn nhw. Dechrau hefo lembo yn y cefn ac ymlaen gyda lob, llabwst, llarbad, llymbar, ciw maliffwt, strelgi, gwrechyll, gewach, twmffat, ac i lenwi'r gôl gydag un o enwau mawr Harri Gwynn erstalwm, sef sgwdihwlffwch. Chwip o dîm!

TALU'R PRIS

31 Ionawr 2004

Ddydd Llun, ddydd Mawrth, ddydd Mercher, fu hi ddim yn rhaid i mi wario f'amser yn chwilio am y newyddion; roeddan nhw i gyd yno'n daclus.

Diwrnod Ron Davies oedd hi ddydd Llun. A dyma i chi enigma o berson anodd ei drafod a'i ddeall a gyda'i elyn pennaf yn fo'i hun. Ac yn awr wedi oes dda mae'n ffarwelio â'r Blaid Lafur, wedi ei siomi ynddi hi'n Brydeinig ac yn arbennig yng Nghymru, lle mae'n anhapus gyda'r modd mae'r blaid yn rhedeg y Cynulliad y gwnaeth cyn gymaint i'w sefydlu ac y rhoddwyd cyn lleied o le iddo ynddo. Mae'n amheus iawn a fedr aelodau Llafur y Cynulliad yma ein llywodraethu. A ddyweda i ddim mwy na dweud nad y fo yw'r unig un sy'n dechrau amau hynny.

Daeth dydd Mawrth â'r ddadl fawr ar yr arian i gynnal Prifysgolion Lloegr, y bydd yn rhaid i Gymru a'r Alban yn eu tro ystyried eu rhai hwythau. Yma gwelir Tony Blair yn talu'r pris am ddiystyru'n ormodol aelodau ei blaid ei hunan yn ei ffordd arlywyddol o lywodraethu heb ymgynghori â nhw, yr helaeth gyfeirir ati yn nyddiaduron Tony Benn. Ac wedi gorlwytho'r Prifysgol-ion ag elfennau Americanaidd, mwy addas i Golegau

Technegol, a heb fod yn barod i godi treth i'w cynnal, wele'r Prifysgolion yn wynebu methdaliadau ac wele Blair wedi tynnu yn ei ben aelodau ei blaid ei hun a'r myfyrwyr a'r teuluoedd sydd â'u ffioedd i'w helpu i dalu am hyn oll.

O drwch blewyn y cariodd ailddarlleniad y mesur y dydd – mesur a gaiff ei ddarnio ymhellach yn Nhŷ'r Cyffredin a Thŷ'r Arglwyddi cyn y gwêl ei hun yn ddeddf. Pleidleisiwyd yn ei erbyn gan bedwar aelod Plaid Cymru, dau aelod Cymreig y Democratiaid a'r naw gwrthryfelwr Llafur Cymreig – Jon Owen Jones a Julie Morgan, Caerdydd; Paul Flynn, Casnewydd; Dai Havard, Merthyr; Denzil Davies, Llanelli; Martin Caton, Gŵyr; Llew Smith, Blaenau Gwent; Ian Lucas, Wrecsam ac Albert Owen, Môn. A phe buasai tri arall o'r Llafurwyr Cymreig wedi gwrthryfela buasai'r mesur yn y fasged.

Ac mi symudwn ni at ddydd Mercher pan gyhoeddwyd y pennog coch hwnnw o adroddiad gan y Barnwr Hutton am yr hyn a arweiniodd at hunanladdiad y Cymro o'r Rhondda a'r arbenigwr ar arfau rhyfel, Dr David Kelly, adroddiad a wyngalchodd y Prif Weinidog a'i holl lywodraethwyr ond a lwyr gondemniodd ran y BBC yn y busnes.

Dydw i ddim yma i achub cam y BBC – mi fedar wneud hynny trosto'i hun. Ond y mae a wnelo'r ymchwiliad a'r adroddiad gryn dipyn â'r hyn a adroddodd gohebydd y BBC, Andrew Gilligan, am adroddiadau'r Llywodraeth a ddefnyddiwyd i gyfiawnhau mynd i ryfel yn erbyn Irac, a'r rhan y gallasai Dr Kelly fod wedi ei gyfrannu i'r adroddiadau.

Oherwydd natur gyfrinachol ei swydd ni fedrid cyfiawnhau cyfarfyddiad Dr Kelly ag un o ohebwyr y BBC, beth bynnag fu'r trafodaethau rhyngddyn nhw, ond tywalltodd Hutton ei gondemniad ar y BBC am gyhoeddi adroddiadau heb seiliau iddyn nhw am y modd y cyfiawnhaodd y Llywodraeth yr ymosodiad ar Irac.

Beirniadwyd, heb flewyn ar dafod, y ffaith na ymchwiliwyd i seiliau adroddiadau Gilligan cyn eu darlledu. Beirniadwyd yr esgeulustod i wneud hynny nid yn unig gan y golygyddion ond aed cyn belled â beirniadu'r BBC hyd at ei lywodraethwyr ar y top un – a arweiniodd at ymddiswyddiad dau arweinydd y Gorfforaeth, Greg Dyke, yn dilyn Gavyn Davies.

A dyma lle mae fy sylw bach i yn dod. Rydw i, gyda maith brofiad newyddiadurol, yn ymwybodol iawn o'r ffaith ei bod yn bosib llithro rhywdro neu'i gilydd, nid am eich bod yn rhagfarnllyd neu'n faleisus neu'n gelwyddog, ond am i chi golli golwg ar y stori gyflawn neu ar y geiriau priodol i'w chyflwyno. A fedr y golygyddion ddim arolygu popeth. Ac fe lithrodd Gilligan yn ei stori ac mi lithrodd y golygyddion trwy ei darlledu. Ac yr oedd yna le i feirniadu.

Ond arhoswch chi. Beth am ein llywodraethwyr a'r Prif Weinidog a wyngalchwyd, a gyhoeddodd ryfel ar Irac cyn sicrhau bod y newyddion am fygythiad Saddam Hussein, ac yn arbennig yr arfau ofnadwy y dywedwyd eu bod ganddo, wedi cael eu priodol archwilio am eu dilysrwydd, yn hytrach na'u derbyn fel efengyl? Os oedd Gilligan a'r BBC – na thywalltodd waed neb – ar fai, faint ar fai ydi'n llywodraethwyr?

A dyna ni. Yn syth wedi cyhoeddi adroddiad Hutton

bnawn Mercher, wele'r eira'n cyrraedd i wyngalchu godre'r Wyddfa. Ond fe ddaeth dydd Iau, dydd Gwener i roi hwnnw, o leiaf, yn ei le.

Y CAWR ADDFWYN

28 Chwefor 2004

Rydan ni ar fin clywed canlyniad pleidlais gyfyng a gweddol ddiwerth i ddewis arwyr ac enwogion Cymru. Ond does dim rheidrwydd i holi pwy ydi'r pêl-droediwr mwyaf a welodd Cymru am y ceid cytundeb digon cyffredinol mai John Charles oedd hwnnw. Ac nid am na fu ganddo gystadleuaeth.

Dyna'r Doctor Mills Roberts, gôl-geidwad Preston North End yn wythdegau'r ganrif cyn y ddiwethaf, pan ddaeth Preston yn bencampwyr prif adran Lloegr heb golli'r un gêm, ynghyd ag ennill Cwpan Lloegr heb ildio'r un gôl. Daeth Mills Roberts yn ddoctor i chwarel lechi fawr Llanberis. A dyna Billy Meredith, asgellwr Manchester City, gyda'r medr anhygoel i ganoli'r bêl ble mynnai. Brodor o'r Waun, sydd bron yn Lloegr, a ddaliodd i chwarae i Gymru nes bron â chyrraedd yr hanner cant. A dyna Fred Keenor, capten Cymru a Cardiff City pan enillodd y tîm Gwpan Lloegr yn yr hen ddauddegau, canolwr mawr a aned yn un o un ar ddeg o blant yng Nghaerdydd.

Ond nid pêl-droediwr mwyaf Cymru'n unig oedd John Charles, ond pêl-droediwr mwya'r byd. Byd lle'r oedd ymosodwyr mawr fel Pele ac amddiffynwyr yr un mor enwog, ond neb a fedrai feistroli'r ddau safle, ynghyd â bod yn un o benwyr gorau'r gêm. Ac yn dwyn i gof i mi be ddywedodd y rhyfeddod, George Best, am eilun y Saeson, David Beckham. Meddai amdano, 'Ar wahân i'r ffaith na fedar gicio efo'i droed chwith, na churo'i ddyn na phenio'r bêl mae o'n chwaraewr mawr.'

Ar y Cae Ras yn Wrecsam, yng nghrys coch Cymru, y gwelais i John Charles gyntaf. Roedd, yn ddeunaw oed, wedi gadael Abertawe am Leeds United a gwneud marc. Ond yn y gêm honno yn Wrecsam, be welech ond rholyn o hogyn mawr tew yn gorfod cael ei warchod gan ddau gefnwr Cymru – yr ardderchocaf Alf Sherwood, Cardiff City, a Wally Barnes, Arsenal. Chafodd o mo'i ailddewis i Gymru am sbel, ond daeth ei gyfle mawr ar Barc Ninian pan hysbyswyd y dorf enfawr, a adweithiodd gyda'r ochenaid fwyaf yn y byd, bod Trefor Ford, y Ddraig Goch ei hun, wedi gorfod tynnu o'r tîm gydag anaf ar y funud olaf ac mai John Charles oedd yn ei le. Roedd y dorf wedi darganfod eilun newydd cyn y chwiban olaf: un a wisgodd y crys coch ddeunaw ar hugain o weithiau fel sgoriwr pymtheg gôl neu fel amddiffynnydd na welwyd ei fath. Rwy'n credu i mi ei weld ym mhob gêm Cymru ym Mhrydain.

Fe wnaeth John Charles wyrthiau i dîm Leeds United gan anhygoel sgorio dwy gôl a deugain i'r clwb mewn un tymor a helpu i'w godi o'r ail adran i'r gyntaf. Bu mawr gystadlu amdano ond i'r Eidal yr aeth, am drigain a phump o filoedd o bunnau, i Juventus yn ninas Turin, un o bencadlysoedd cwmni ceir Fiat, a rheolwr y cwmni, Anielli, oedd fwy na heb biau'r clwb, oedd yn un digon cyffredin. Fe'i chwyldrowyd pan aeth John Charles yno. Mewn pum mlynedd sgoriodd gant o goliau namyn saith i'r clwb a'i godi'n un o rai mawr y byd – sy'n aros felly. Ac nid aeth yn angof gan Juventus.

Cwblhaodd ei yrfa yn yr Eidal trwy ymuno am sbel â chlwb Roma, un o brif glybiau Rhufain, cyn dychwelyd am sbel bach arall gyda Leeds United cyn ymuno â Cardiff City am ugain mil o bunnau. Cwblhaodd ei yrfa bêl-droed yn chwaraewr a hyfforddwr tîm Henffordd ac yna tîm Merthyr Tudful.

Chafodd o mo'i enwi am gamymddwyn yn llyfr bach unrhyw ddyfarnwr gydol ei yrfa ac nid rhyfedd mai'r 'cawr addfwyn' oedd enw'r Eidalwyr arno.

Pan oeddwn i'n byw yng Nghaerdydd, yn Rhiwbina, mi ddois i adnabod John Charles yn dda. Y tu cefn i'n tŷ ni yn Heol Llanishen Fach, oedd ar derfyn eithaf Caerdydd, roedd caeau'n cyrraedd at yr ardd gefn. Ond dechreuwyd codi peth mwdral o dai newydd yn y cefnau ac mewn tri o'r rheiny, a berthynai i glwb Cardiff City, roedd Ivor Allchurch, Mel Charles a John Charles yn byw.

Ac ar derfyn ei yrfa bêl-droed fe unodd John Charles ag Alan Priday, chwaraewr cydwladol rygbi, oedd yn byw y drws nesaf i mi, i agor siop John Charles Sports yn Rhiwbina. Fel pob un o anturiaethau busnes John druan, trodd yn fethiant.

Ar ymweliad â'r Eidal y daeth dyddiau olaf John Charles, a chlwb Juventus a ddarparodd yr awyren i ddwyn y Brenin adref o'r ysbyty ym Milan cyn iddo ffarwelio â ni yn ddeuddeg a thrigain oed.

Llysgennad, gwerinwr boneddigaidd, pêl-droediwr na welir ei debyg. Fe haedda gofgolofn i ofalu na chaiff ei anghofio gennym ninnau.

'DISGWYL PETHAU GWYCH I DDYFOD'

3 Ebrill 2004

Ar wahân i *Y Beibl Cymraeg* diwygiedig, sydd i bara am byth, mae yna Feibl Gwleidyddol newydd i Gymru gyfan wedi ei gyhoeddi fore Mercher, a hwnnw i ddal ei dir am y saith mlynedd nesaf. Adroddiad Richard sydd, wedi dwy flynedd o ddyfal ymholi a gwrando, wedi cyflwyno, nid adnodau ond argymhellion o'r materion yr ystyria'n angenrheidiol i'n Cynulliad eu mabwysiadu os ydi o am lywodraethu Cymru yn llwyddiannus.

Ac yn ei fawr ddoethineb cyflwyna'r Adroddiad ei argymhellion yn rhai y dylesid eu rhoi mewn grym yn ara deg a fesul tipyn tros y saith mlynedd nesaf. Ac wrth ystyried yr argymhellion, un peth i'w gofio ydi mai un o'r Blaid Lafur ydi Cadeirydd yr Adroddiad a pheth arall sy'n rhyfeddol, o ystyried rhagfarnau Cymry, ydi'r ffaith fod hwn yn Adroddiad unfrydol.

Mae'n ymwrthod â'r math o Senedd a sefydlwyd yng Ngogledd Iwerddon ond eir cyn belled â galw am yr holl bwerau sydd gan yr Alban ond gwelir hyd yn oed godi trethi yn ddymunadwy, er na chymhellir hynny, ond eir gamau breision radicalaidd ymlaen i argymell y Cynulliad i godi deddfau mewn meysydd megis addysg ac iechyd.

Oriau cyn cyhoeddi'r Adroddiad fe ymddangosodd llythyr yn y *Western Mail* gan naw Arglwydd Cymreig o wahanol bleidiau yn edrych ymlaen yn hyderus am adroddiad a fedrai droi'r datganoli yn wirionedd democrataidd byw. Mae'n werth enwi'r naw: Arglwydd Livsey o Dalgarth; Arglwydd Carlile o Berriw; Arglwydd Morgan; Barwnes Finley o Landâf; Arglwydd Prys Davies; Arglwydd Geraint; Arglwydd Hooson; Viscount Dinbych y Pysgod ac Arglwydd Thomas o Gresford.

Ond er gloywed y darlun rydw i newydd ei gyflwyno i chi, peidiwch am hanner munud â chredu fod problemau gwleidyddol Cymru wedi eu hunfryd setlo ac y gwelir, ymhen saith mlynedd, pob un o argymhellion yr Adroddiad mewn grym, gyda Duw yn y nefoedd a phopeth yn dda yng Nghaerdydd.

Mae yna elfen yn y Blaid Lafur ers dyddiau David Thomas a hen arwyr Llafur Annibynnol, sy'n wrth-Gymraeg, ac oherwydd hynny yn wrth-Gymreig. Cafodd Dafydd Glyn Jones brofiad o hynny yn y Cynulliad ei hun. Ar y llaw arall mae hen gewri'r Blaid Lafur a fawrhâi eu Cymreictod – pobol yn ymestyn o Jim Griffiths i Cledwyn Hughes – wedi dirfawr brinhau. Rhy ychydig o bobol fel yr Arglwydd Prys Davies sydd ar ôl.

Hefyd, er maint cyfraniad eu haelodau yn y Cynulliad ni fedrir dibynnu ar y Blaid Geidwadol i groesawu unrhyw bwerau ychwanegol, sy'n cyfrif, i'r Cynulliad. Ac ni fedrir dibynnu chwaith ar ddeiliaid y Swyddfa Gymreig i roi ysgwydd tu ôl i unrhyw ymgais i gryfhau'r Cynulliad.

Ar ben hyn fe wêl y Blaid Lafur gryn fygythiadau yn rhai o argymhellion yr Adroddiad. Buasai codi nifer aelodau'r Cynulliad i bedwar ugain yn gwahodd cwtogi ar y deugain sedd sydd gan Gymry – Llafurwyr yn bennaf, yn Senedd Llundain. A phe derbynnid yr argymhelliad i newid y dull o ddewis aelodau'r Cynulliad i'r math o ddull cyfrannol sydd yn Iwerddon, buasai'n agor drysau i bleidiau bach a'i gwnâi'n anodd i Lafur ddal gafael ar lywodraethu Cymru.

Eisoes mae'n amlwg beth fydd tacteg y rhai fydd yn y Blaid Lafur ac eraill i geisio rhwystro rhai gwelliannau – sef galw am refferendwm. Ond faint o ddiddordeb yn yr Adroddiad Cymreig mawr sydd gan Loegr a'r wasg Saesneg? Dim gair am fodolaeth yr Adroddiad yn y *Telegraph* na'r *Independent*. Y *Guardian* a'r *Times* yn gweld anghytuno yn ei gylch yn codi yn y Blaid Lafur. Y *Daily Post* yn cwyno am fod y Gogledd yn cael ei esgeuluso, ond y *Western Mail* yn helaeth gyflwyno a chymeradwyo'r adroddiad.

Ac i grynhoi'r holl sefyllfa. Mae dyfodol gwleidyddol Cymru fwy na heb yn gyfan gwbl yn nwylo'r Blaid Lafur.

A gweddus, cyn tewi, yn y sgyrsiau yma ydi cofio colli Alistair Cooke a barhaodd hyd ei ddyddiau olaf i ddarlledu ei 'Lythyr o America', tros hanner cant ac wyth o flynyddoedd. Camp na welir ei gwneud byth eto.

ADLODD CASNEWYDD

14 Awst 2004

Cip yn gyntaf ar yr ŵyl fawr yng Nghasewydd cyn troi at y problemau mawr sy'n wynebu Eisteddfodau Cenedlaethol y dyfodol. Ar deledu digidol S4C y gwelais i'r Steddfod eleni, ac yr oedd yno bethau da tros ben. Cael gweld yr ieuenctid yn y bandiau, ac os ydi'r corau meibion yn heneiddio, maen nhw yma o hyd.

Mi ganolbwyntiaf innau ar y buddugwyr barddol a llenyddol mawr. Wedi 'Mab y Bwthyn', Cynan, yn 1921 bu bri ar y pryddestau, gyda phobol yn rhuthro i'w darllen a'u dyfynnu ar lwyfannau. Cafodd awdlau hefyd groeso, yn arbennig gan y cantorion cerdd dant a ddarganfu lawer dernyn blasus. Ysywaeth mae'r bri yma ar ben ac er bod gwerthiant y *Cyfansoddiadau*, sy'n cael ei olygu a'i ddatblygu mor daclus gan J. Elwyn Hughes, yn dal ei dir, mae'r bryddest a'r awdl wedi eu mawr ysgaru oddi wrth y werin. Mae'n rhaid dweud mai'r wers rydd sydd wedi dieithrio fwya ar y werin, ond wedi ei gwneud yn haws i wyth ar hugain gynnig am goron eleni. I gael cerdd mewn mydr ac odl mae'n rhaid cael peth disgyblaeth, beth bynnag am awen. Ond medr unrhyw un sgrifennu gwers rydd o ryw fath ac mae yna ormod yn gwneud ac mae'r cynnyrch coronog yn mynd yn anghofiedig.

Mor wahanol oedd stori'r Gadair eleni. Yma mae'n rhaid llwyr feistroli'r cynganeddion cyn rhoi pìn ar bapur. Canlyniad – dim ond pump yn cystadlu am gadair Casnewydd, gydag un o'r tri beirniad yn amharod i'r un ohonyn nhw ei chael hi. Dyna'r tâl am geisio gwneud pob peth yn rhy hawdd.

Am nofel goffa Daniel Owen, *Un Diwrnod yn yr Eisteddfod*, Robin Llywelyn a synfyfyrion Annes Glynn, a enillodd y Fedal Ryddiaith, mae yna fôr o wahaniaeth. Nofel Robin Llywelyn gyda'i harddull sgwrslyd ond graenus, heb fod mor ddyrys â'i nofelau blaenorol ond wedi golygu i mi ei darllen ar fwy nag un eisteddiad, gan ei bod yn neidio o un peth i'r llall. Wil Chips, y storïwr, yn doethinebu ar destunau esoteric y mae gan Robin

Llywelyn wybodaeth anhygoel amdanyn nhw. Wil Chips ei hun yn soldiwr a fedrodd ddod o'r fyddin yn Irac am nad oedd yn soldiwr parod i ladd. Ond mae ganddo yntau ei gof am ei anturiaethau a phroblem fawr ar ei feddwl, sef bod ei wraig wedi dianc efo'r ddau blentyn i Glasgow, a'i ddydd yn y Steddfod yn homar o ddiwrnod gorlawn lle mae'r beirdd a'r ddiod a phopeth yn cael eu gosod yn eu lle – ei le o.

Am synfyfyrion Annes Glynn, cyfrol hollol wahanol. Ysgrifennu pytiog – meicro ydi'r gair – am hynt a helynt byw bob dydd. Dim ymhelaethu yma ond pob pennod wedi ei chrefftus gywain i lai nag un dudalen, y medrir ei darllen ar chwap. Ffordd rhy newydd i fod at ddant pawb efallai ond yn delynegion bychan i'r gweddill.

A marciau llawn i Gasnewydd Seisnig am ei hymdrech deg, er iddi adael y broblem i'r Steddfod ganfod tri chan mil o bunnau ar fyrder i dalu'r ddyled heb werthu ei hasedau – yr hyn na fedrir ei wneud ond unwaith.

Nid dyma'r tro cyntaf i'r Brifwyl fod mewn trwbwl. Yn 1935 roedd yna ddwy gymdeithas yn rhedeg y Steddfod, heb brin air rhyngddyn nhw – Cymdeithas y Steddfod a hen Fwrdd yr Orsedd a Cynan yn Gofiadur. Ac meddai Cynan, 'Mae'r Steddfod Genedlaethol ar ddadfeilio gan philistiaeth a phlwyfoldeb', a'i bod angen 'sylfaen gyfansoddiadol gryfach.' Ac fe'i cafwyd.

Mae'r ddadl am y cyfansoddiad a'r iaith wedi codi eto ond y ddyled ydi'r bwgan mawr, a achoswyd yn rhannol gan faintioli'r ŵyl a chan ymweld â'r broydd di-Gymraeg. A digon hawdd i Rhodri Williams, y Bwrdd Iaith, ddweud ei bod yn rhaid mynd i'r rheiny ac ar yr un pryd gwtogi'r grant i'r Brifwyl o ddeugain mil o bunnau.

A chan maï'r Gymraeg ydi trysor pennaf Cymru, un o ddyletswyddau penna'r Cynulliad ydi gofalu amdani. Ac i'r Cynulliad sy'n gwasgaru a gwastraffu miliynau, tydi tri chan mil o bunnau'n ddim ond piso dryw yn y môr i ofalu na welir mohoni byth bythoedd yn cau'r drysau oherwydd dyledion. Ac yn wir, apeliodd Robin Llywelyn am i'r Cynulliad ofalu am y Brifwyl fel y gwna am yr amgueddfeydd ag ati, trwy roi mynediad am ddim i bawb i'r ŵyl fawr Gymraeg.

FFARWÉL I'R SBECTOL

18 Medi 2004

Waeth i mi ddweud un gair fwy na chant am y bendithion a ddaeth i'r Cynulliad o argymhellion radicalaidd Adroddiad Richard gan y Blaid Lafur o'r diwedd. A'r gair hwnnw ydi – dim. Dim newid cyfansoddiadol o unrhyw bwys am o bosib ddeng mlynedd arall. Llwyddwyd i osgoi unrhyw newid cyn y lecsiwn trwy ddibynnu'n gyfan gwbl ar yr hyn a gynigir gan Peter Hain, yr Ysgrifennydd tros Gymru, ac y mae hwnnw newydd wneud un peth, sef newid ei feddwl. Bellach dydi o ddim tros unrhyw newid heb gael refferendwm. A dyna gau pob drws.

Ac i aros gyda gweinidogion y Goron a'u newid meddwl – er gwell y tro yma. Mae'r gweinidog dall, David Blunkett, wedi ei argyhoeddi mai ar y strydoedd a'r caeau mae lle'r plismyn, ac nid yn eu swyddfeydd a'u papurau, os ydan ni am well trefn yn hyn o wlad lle mae trosedd a hwliganiaid ar ddirfawr gynnydd. A dyma i chi bwt bach diddorol am y Gweinidog dall. Mae o'n gefnder i'r Athro Hanes dyfal o Fangor, Merfyn Jones.

A phroblem fawr bresennol Cymru ydi'r Eisteddfod Genedlaethol. Mae'n rhaid iddi ddarganfod tri chan mil o bunnau i glirio'i dyfodol. Wna i ddim archwilio'r gorffennol am y rhesymau tros fynd i'r fath ddyled ond mae'n rhaid talu'r sylw manylaf i'r bwriad o newid cyfansoddiad presennol yr Eisteddfod i gyfarfod â'r argyfwng.

Mae yna sylfeini i'r Cyfansoddiad na fedrir eu newid heb achosi difrod difrifol i'w dyfodol fel un o sefydliadau pwysica'r Gymraeg a'i diwylliant. Fe'u rhestrir yn daclus gan Gylch yr Iaith, lle mae llais y mawrion sydd am gynnal ein hetifeddiaeth yn galw am lynu'n glòs wrth y Rheol Gymraeg, ei hannibyniaeth a statws ei Llys fel ei hawdurdod llywodraethol. Onide, waeth i ni heb Steddfod. Eisoes mi fu yna erydu ar y Rheol Gymraeg, ac fe rydd Cylch yr Iaith ddeunaw o enghreifftiau o wneud hynny eisoes.

Ac i droi at bethau ysgafnach, ein hamdden – at y miliynau, gan fy nghynnwys innau, sy'n gwylio'r ddwy gêm fawr, criced a phêl-droed. Mae'r arian mawr wedi drygu'r clybiau pêl-droed a'r chwarae ei hun wedi newid ei natur. Rwy'n cofio'r dyddiau cyn y rhyfel pan oeddwn i, dan yr enw 'Y Gwyliwr', gyda'r golofn bêl-droed gyntaf yn Gymraeg yn *Y Cymro*, yn argymell cynghrair i Gymru – a ddaeth wedi'r rhyfel.

Bryd hynny, pan oedd Eic Davies yn ymladd â'r dasg o gael rheolau ag ati'r gêm rygbi yn Gymraeg, yr oeddwn innau'n gorfod cael yr enwau Cymraeg i'r bêl-droed. Roedd un peth o help, sef bod safleoedd chwaraewyr yr un fath gan bob clwb o bwys, ac nid ar bob-siâp-bob-man fel heddiw. Wele chwaraewyr a wyliais i yn chwarae yn eu hen safleoedd: Kelsey – gôl-geidwad; Sherwood a Barnes – cefnwyr de a chwith; Tommy Jones – canolwr; Paul a Burgess – hanerwyr de a chwith; Bryn Jones a Cliff Jones – adeinwyr; Len Davies ac Ivor Alchurch – mewnwyr de a chwith, doedd wiw eu galw'n flaenoriaid, na dweud pen-blaenor am Trefor Ford. A dyna bêl-droediwr mwya'r byd, John Charles – y canolwr a'r pen-blaenwr digyffelyb.

Credir mai Wrecsam oedd y tîm cyntaf i chwarae hanerwyr, a'r canolwr cyntaf oedd Herbie Roberts, Arsenal. Cymro glân gloyw na chafodd chwarae i Gymru am iddo gael ei eni ar ochor Lloegr i Glawdd Offa, yn Selattyn, sir Amwythig. A doedd Hughes y bêl gron na Henry y bêl gam ddim yn dduwiau, yn nag oeddan?

A'r tîm a wnaeth ryfeddodau eleni oedd un criced Morgannwg. Pencampwr un adran, dyrchafwr o'r ail adran i'r gyntaf, a'r unig dîm erioed a sgoriodd tros wyth can rhediad i ennill gêm, gyda naw o Gymry yn y tîm ynghyd â Mathew Maynard, a faged ym Mhorthaethwy, a Michael Llywelyn Lewis, y chwaraewr gwadd o Awstralia.

Ac os ydach chi am dasg dros y gaeaf, gosodwch safleoedd tîm criced mewn Cymraeg, gan ddechrau hefo *square leg*, *short leg*, *fine leg*, *long leg* a *silly point*.

Detholiad o'r Sgyrsiau Cynnar

PROTEST

30 Hydref 1981

Mi dynnodd yr wythnos ei chyrn ati hefo'r ymweliad brenhinol yn cael ei gwblhau, a diddorol fuasai astudiaeth o agwedd y Cymry at y frenhiniaeth. Saith can mlynedd i'r flwyddyn nesaf y cwympodd Llywelyn ac y torrodd Edward y Cyntaf ffordd drwy fforestydd Gwynedd i arwain ei fyddin hyd at afon Menai ac i hen drefi Cymreig Nefyn a Phwllheli. Byddin, gyda llaw, a chyfran helaeth ohoni hi'n Gymry.

A dyma i chi, wrth basio, nodyn am chwyddiant. Holl gost cwblhau ymdaith yr hen frenin trwy Gymru a goresgyn Gwynedd ynghyd â chost gosod sylfeini'r cestyll Edwardaidd megis Caernarfon oedd ychydig bach dan gan mil o bunnau'r oes honno. Chewch chi ddim pêl-droediwr digon cyffredin am y swm yna heddiw.

Ond erbyn y ganrif ddiwethaf, ar waetha'r chwyldro yn Ffrainc, roeddan ni'r Cymry wedi hen ddygymod â'r frenhiniaeth. Yn wir, mi fedrech hel cyfrol sylweddol iawn o ran maint o awdlau a chaniadau'r beirdd, gan gynnwys beirdd Eifionydd, i wahanol aelodau'r teulu brenhinol. Ac roedd llun Victoria ochor yn ochor a llun Gladstone ar furiau miloedd o'r cartrefi Cymreicia'. Mae'r croeso yma'n amlwg yn dal yn frwd ond nid yn unfrydol. Yn wir, o ddyddiau'r dirwasgiad rhwng y rhyfeloedd ymlaen fe ddechreuodd cyfran o'r ieuenctid Cymreig anesmwytho. Efallai y cofiwch chi am englyn Gwilym Deudraeth i Dywysog Cymru, Edward yr wythfed wedyn, pan ddaeth hwnnw i agor un o ddociau Lerpwl, a'r bardd yn ei annog: 'Dyro er mwyn dy werin / Canada Doc . . . ' mewn lle anodd iawn i'w roi, mi fuaswn i'n meddwl!

Ac fel nad oedd Diana'r Ephesiaid, er ei hawddgared hithau, na'r hyn a safai drosto yn gymeradwy gan Paul, roedd yna floedd neu ddwy o anghymeradwyaeth i'r Ddiana ddiweddaraf a'i phriod. Nid bod yna ddim byd personol yn y feirniadaeth. Ar yr ochor arall mae yna wledydd democrataidd sy'n cenfigennu wrth Brydain am fod ganddi frenhiniaeth yn ben diduedd parhaol ar y wladwriaeth yn hytrach na'i bod yn gorfod mynd trwy helbul, sydd hefyd yn gostus, i ddewis arlywyddion a chael pobol fel Nixon, Ford, Carter, Reagan, y naill ar ôl y llall.

A'r olaf o'r pedwarawd yma a sbardunodd y cyrddau protest mwyaf a welwyd yn Ewrop ers cantoedd. Tros hanner miliwn yn gorymdeithio tros y Sul yn condemnio'r arfau niwclear a Reagan wedi rhoi glo ar y tân drwy awgrymu y gallesid cyfyngu'r rhyfel niwclear yn erbyn Rwsia i dir a daear Ewrop, a adawai'r Unol Daleithiau'n ddianaf. Ond roedd y tân wedi cynnau, ohono'i hun bron, ers tro a'r gwerinoedd yn ymwingo ar raddfa a syfrdanodd hyd yn oed eu harweinwyr nhw'u hunain, ac a orfododd y gwladweinwyr i'w cydnabod. Dim ond dwy flynedd yn ôl doedd yna neb yn ymboeni.

Bellach fe orfodwyd America a Phrydain i gychwyn gwrthbropaganda. Yr Arglwydd George Brown a'i debyg yn dadlau mai'r gorymdeithwyr yma ydi'r gwir ryfelwyr sy'n peryglu heddwch y byd, sy'n dadlau fod gwyn yn ddu. Cyhuddiad hefyd nad ydi'r brotest yn cyfeirio yn ddigon penodol at arfau Rwsia, y gellid ei hateb drwy ddweud mai ar eich aelwyd eich hun mae'ch llais chi'n cyfrif. A chwestiwn teg neu annheg yn cael ei ofyn, ble mae'r Eglwys a'i llais?

Ond bomiau eraill sydd gennym. Tanllwyth yr IRA yn ninasoedd Lloegr wedi i'r streic newyn fethu. Ac, i fynd yn ôl at Rwsia, maint methiant y wlad honno yng Ngwlad Pwyl lle mae'r bobol yn rhynnu wrth chwilio am eu dognau bwyd i gadw corff ag enaid ynghyd, a hynny wedi pymtheg mlynedd ar hugain o lywodraeth gomiwnyddol, sydd i fod yn llywodraeth y bobol.

A'r stori faith a diffaith arall yn nes adra, British Leyland, lle mae'r rheolwyr a'r gweithwyr rhyngddynt yn llwyr ddinistrio'u hunain a'u diwydiant. Diwydiant sy'n costio miliwn o bunnau'r dydd o'ch pres chi a minnau i'w gadw fo mewn bodolaeth.

Ac fe gwblheir yr wythnos yma yng Nghymru, gyda'r frwydr am arweinyddiaeth Plaid Cymru rhwng y ddau Ddafydd, Dafydd Benn a Dafydd Healey. Sgwn i i ba un o'r ddau fuasai Dafydd Sant yn fotio?

CYMRAEG NORMAL

5 Mawrth 1982

Mi gefais i brofiad iachusol iawn yn ystod y pythefnos diwethaf yma, treulio 'nyddiau hefo rhyw ddwsin o fyfyrwyr sy'n dilyn cwrs cyfathrebu yng Ngholeg Normal, Bangor. Wedi cryn berswâd yr es i atyn nhw i ymdrin â newyddiaduraeth. Perswâd am fy mod yn amharod i gael cadwyn am 'y ngwddw, ac na fydda i byth yn mynd o gwmpas i drafod newyddiadura am y buasai mor ddiffaith â cheisio creu beirdd trwy frygowthan! Rydach chi'n newyddiadurwr neu dydach chi ddim. Cytuno ar yr amod y cawn i dreulio'r holl amser yn gwneud dim ond eu cael nhw i gynhyrchu papur newydd go iawn eu hunain, ei brintio go iawn, ei werthu go iawn a gwneud iddo dalu'i ffordd yn go iawn. A chan i'r peiriant cysodi diweddara gyrraedd y Normal yr wythnos yma a bod tynnwr lluniau ar y cwrs roedd y fenter yn bosib. Ac ar wahân i orffen y cysodi a'r argraffu mae hi wedi ei chwblhau. Wn i ddim faint o les a wnaeth hyn oll i'r myfyrwyr Cymraeg a hoffus yma, ond mi wnaeth fyd o les i mi gael bod hefo nhw.

Ac mi agorodd y coleg ei hun fy llygaid i. Coleg hyfforddi athrawon fu ac ydi'r Normal ond eleni, am y tro cynta yn ei hanes, fydd siroedd Gwynedd ddim yn cyflogi yr un wan jac o'r myfyrwyr. Ac wedi ymladd am ei annibyniaeth, phlygodd y coleg yma ddim i'r drefn ond ychwanegu a datblygu gwasanaethau amrywiol eraill. Un o'r rheiny ydi'r cyrsiau cyfathrebu. Ac nid dyma'r lle i restru'r atyniadau; yn hytrach dyma fymryn o argraff bersonol. Yn bennaf, ymwybyddiaeth ei fod yn sefydliad lle mae'r Gymraeg yn ysgubol oruchaf. Fu hi ddim yn rhaid i mi wastraffu fy Saesneg ar na myfyriwr nac aelod o'r staff. Maen nhw hyd yn oed yn chwarae snwcer yn Gymraeg. Mwy na hyn, mae yma noddfa i'r iaith. Y dydd Gwener yma roedd yna dros hanner cant, merched yn bennaf, o athrawon o Glwyd, pob un â'i iaith naturiol yn Saesneg, mewn cwrs i ddysgwyr a phob un ar y ffordd i ddod yn rhugl mewn dwy iaith. Cerdded un o'r coridorau ddydd Mercher ac ond y dim i mi faglu ar draws dau berson mewn gwisgoedd hynafol iawn ac un ohonyn nhw yn edrych yn gymeriad amheus iawn. John Ogwen ar ei ffordd i wneud ei ran yn y ffilm fawr, fawr, *Madam Wen*. A Marged Esli, Madam Wen ei hun, yn stryffaglian hefo'i sgert, a'r myfyrwyr wedi hen arfer gweld pethau o'r fath, ddim hyd yn oed yn codi'u haeliau.

Yma'n rhywle mae swyddfa'r Bwrdd Ffilmiau, yma yn rhywle mae pob math o offer llwyfan yn cael ei storio. Yma'n rhywle mae yna le i gwmni Bara Caws roi'i ben i lawr, yma . . . ond a' i ddim ymlaen, achos yma, os oes yna wasgfa, mae yna anadlu o hyd. A medda fi wrtha fi fy hun – a mi fydda i'n deud rwbath wrtho fo weithiau! – medda fi, diolch byth na lwyddodd Coleg y Gogledd, fel y mae o heddiw, i draflyncu'r Cymreigrwydd yma. Coleg y Gogledd, lle cododd mynydd uwch nag Everest rhwng ei brifathro a'i fyfyrwyr Cymraeg, a llu o'i staff hefyd, wedi'r ugain mlynedd a dreuliodd er pan ddringodd Evans y prifathro i'w gadair. Ac o sôn am Gymreictod ac am gynilo ar yr un gwynt, mae'n demtasiwn i drafod penaethiaid, rhai ynghyd â'r prifathro yn llogi awyren i fynd, neu fethu â mynd, i Lundain, pan oedd yna drên. Ond y cwtogi mawr yn achosi ffarwelio â llyfrgellydd llyfrgell bwysig y coleg. Hen fyfyriwr sy'n siarad, am ddoethineb ac am annoethineb.

Yr hyn sy'n dod â ni at arwyddair newydd y sianel newydd, a'r ymateb iddo, athrylithgar o glyfar, Wales4Cymru. Ond rhywbeth i'r llygad nid i'r tafod ydio. S4C fydd hi, tra bydd hi. Ond fe gyfyd y Wales yma helynt trist, cyn sicred ag y bydd y canghellor yn codi pris y petrol ddydd Mawrth. Efallai bod y mater yn rhy fach i godi helynt yn ei gylch, efallai nad ydio ddim. Nid dadlau yr ydw i.

Dau bwynt: un, y pwyslais a'r polisi sy'n cyfri; dau, nid sianel Gymraeg ydi hi. Ond wedi'r holl helynt i gael y sianel, wedi'r holl groeso a'r holl weithio, ydio'n werth colli'r holl ewyllys da mewn cweryl uwchben arwyddair a thipyn o glyfrwch gan wneud ein hunain yn destun sbort i Saeson? Ystyriwch, pwyswch, mesurwch, ildiwch os oes raid. Oni wneir hyn gan y naill ochr a'r llall, y ddadl fawr nesa i rwygo Cymru fydd: pwy laddodd y sianel cyn iddi hi ddechrau anadlu? Fydd hi ddim ots wedyn beth galwch chi hi. Mi fydd hi wedi mynd.

HEDDIW, DDOE A FORY

30 Gorffennaf 1982

Ar y nos Wener olaf yma o Orffennaf, yn dirwyn i ben mae rhaglen deledu a gychwynnwyd pan oedd pres yn hen bres a'r *Western Mail* yn dair ceiniog. Wedi un mlynedd ar hugain dyma *Heddiw* wedi mynd yn ddoe. 1961, Hywel Davies yn gosod tasg i Nan Davies (Davies oedd pawb o bwys yn y BBC cynnar): 'Nan,' medda fo, 'dyma'ch job chi, sefydlu rhaglen deledu ddyddiol Gymraeg i'r teulu.'

Dyddiol, bobol annwyl, dim ond ambell i raglen Gymraeg ym mherfeddion nos oedd yna, a phwt ar amser cinio. Ond mentro ar raglen fyw heb le i dwtio na chywiro, a hynny bob dydd? Mi gododd y cwestiwn oesol wrth gwrs: oes yna ddigon o ddoniau i gynnal y fath beth? Oes yna gynhyrchwyr a chyfarwyddwyr, oes yna dynwyr lluniau, neu dynnwr lluniau?

Doedd y gair 'cyfweliad' ddim yn bod yr adeg honno; yn wir, dechrau cael ei dderbyn yr oedd y gair 'teledu'. Rhywun clyfrach na'i gilydd wedi darganfod fod y gair yn enw ar frid o ddrewgi dieithr sy'n drewi yn y gwledydd pell, ac nid 'cyf-weld' oedd 'na ond sgwrsio. Wel, mi heliodd Nan nhw i gyd at ei gilydd. Mi fyddai T. Llew Jones yn sgwrsio ar ffilm yn y Gorllewin, mi fyddai colofn barhaol Harri Gwynn, ac Ifor Bowen Griffith weithiau'n sgwrsio yn y Gogledd. Mi osododd Barry Thomas o Ddyfed sylfaen i'r lluniau, mi ddaeth Owen Edwards ac mi ddaeth Hywel Gwynfryn o rywle, mi ddaeth Mary Middleton a'r merched yn eu tro. Fe gyflawnwyd y wyrth a'i chyflwyno'n feunyddiol am un mlynedd ar hugain.

Ac nid y Cymry yn eu gwlad eu hunain yn unig a elwodd, am fod trosglwyddyddion y BBC yn segur ar amser cinio fe ledaenid y rhaglen tros Gymru a Lloegr. Saeson uniaith yn gwrando'n gadarn ar y geiriau dieithr ac yn dychmygu pa storïau oedd yna y tu cefn i'r lluniau ar ddyddiau pan oedd pawb yn llygadrythu ar bob peth. Mae hel atgofion yn demtasiwn, ac mi fedraf innau wrthsefyll pob peth ond temtasiwn!

Purion, felly, ydi cofio'r union adeg yma o'r flwyddyn ddeunaw mlynedd yn ôl, a'r brifwyl yn Abertawe bryd hynny hefyd. Finnau'n was bach i Nan Davies, yn helpu am y tro cyntaf, helpu i gyflwyno'r Genedlaethol heulog honno i bobol newydd y bocs, heb anghofio fod gan Forgannwg dîm criced, un go iawn 'radeg hynny a sŵn y fuddugoliaeth ar Awstralia, a'r gorfoledd y bu ond y dim iddo gychwyn diwygiad, yn cyrraedd o faes San Helen hyd at faes y Brifwyl ei hun. Cricedwyr a beirdd, oll yn eu gynau gwynion, yn cadw gŵyl. Cofio dod â Syr Thomas Parry-Williams a Gwenallt ynghyd i egluro sut y llwyddon nhw yn eu dydd i fynd â'u cadeiriau adref. Syr Thomas wedi ennill ei gadair a'i goron a'i ugain punt yn Wrecsam 'ar ei din' chwedl un hen ewyrth iddo, a Gwenallt wedi ennill y gadair drymaf a enillodd neb erioed mae'n siŵr gen i. Cofio yn arbennig am y tyndra oedd rhwng y ddau fardd a'r rhew yn gwrthod torri nes i rywun ddigwydd crybwyll am ddamwain erchyll fuodd ar un o ffyrdd y fro y noson cynt. A'r ddau fardd yn troi'n ddau blentyn wrth ymdrybaeddu yn y manylion gan arbed un arall eto o raglenni *Heddiw* rhag mynd â'i phen iddi pan ddaeth yr amser i'w darlledu. Roedd Nan Davies yn berffeithydd, mor drylwyr, a bron na ddywedwn mor ysgolfeistresaidd â Jennie Eirian. Daeth y perffeithrwydd proffesiynol yma yn rhan o *Heddiw*, gan adael ei argraff barhaol ar deledu Cymraeg y BBC o'i *Heddiw* hi hyd *Heddiw* Deryk Williams. A marw i fyw mae *Heddiw* hefyd; fe ddaw 'nôl yn rhaglen newydd mewn hydref newydd ar sianel newydd gyda sialens newydd.

SULYN

15 Hydref 1982

Gan mai anturiaethau Tywysog gydag actores noethlymunllyd, a fedyddiwyd yn addas, beth bynnag am ystyriol, yn Koo Stark, ydi'r stori a gofleidiwyd gan bapurau newydd y byd. Cyn iddi hithau fynd yn angof, mi gaf innau wared â hi drwy roi'r wobr am y pennawd gorau, mwyaf lliwgar a mwyaf be fynnoch chi, a osodwyd ar y straeon, i'r *Toronto Sun* a dyma fo: *'Randy Andy Tries Some Coochy Koo'*. Ac mi ffarweliaf innau â'r *coochy koo* ond mi arhosa i hefo'r wasg, y wasg Gymraeg, sydd ar fin 'sgrifennu pennod newydd sbon yn ei llyfr hanes.

Y Sul nesa, un o rai ola'r ganrif yma mae arna i ofn, pan fydd llu o dafarndai Cymru â'u drysau'n dal wedi cau, mi fydd pobol Gwynedd yn agor dalennau'r papur Sul Cymraeg cynta un. Does yna ddim cymaint â hynny er pan fu'r papur Sul mor amharchus â thafarn. Ac mewn gwlad fel Canada, oherwydd hen biwritaniaeth yn bennaf, does yna ddim papurau Sul. Ac mewn gwlad Ewropeaidd fel yr Eidal, y papur Sul i'r mwyafrif ydi'r papur dyddiol sy'n cael ei gyhoeddi ar y Sabath hefyd. Ond fe ddarfu am amharchusrwydd y papurau Sul yng Nghymru ac mae'r ieuenctid bellach yn heidio yn agored i'r tafarndai, yn gwneud crefydd o'r cwrw ac yn gweiddi amdano fo ar faes y brifwyl a phob maes arall. A chan mai rhywbeth digon newydd yn y Gymru Gymraeg ydi hyn mae'r newydd-deb yn cael ei arddangos, ei or-arddangos ar goedd mewn canu pop, comedïau, ysgrifau, nofelau a hyd yn oed yn *Pobol y Cwm*. Edrychwch faint o ddyn ac o ddynas ydw i, rydw i'n mynd am 'beint'.

Ond i ddychwelyd at *Sulyn*, y papur Sul newydd. Tydw i ddim yn rhoi marciau uchel o gwbwl i'r teitl, ond mi faswn i'n rhoi marciau isel i *News of the World* fel teitl hefyd, ac felly mae'n fwy na thebyg nad ydi'r teitl yn bwysig, ond mae'r cynnwys. Yn wir, mi ddibynna ei lwyddiant ar apêl ei gynnwys ac ar faint yr elw o'r hysbysebion. Y naill elfen cyn bwysiced â'r llall. Antur fawr pobol ifanc frwdfrydig ydi hon ac rydw i'n dal i gredu bod ei gyfyngu i Wynedd ar y funud yn ddoethineb a bod cylchrediad o ddeng mil yn bosibl. Ond os anelir y papur yn ormodol at bobol ifanc lwyddith o ddim. Fu'r ieuenctid erioed yn brynwyr mawr ar na phapurau na chylchgronau, a *tydyn* nhw ddim. Penteuluoedd sy'n prynu'n gyson, yr ieuenctid yn achlysurol. Am bobol y dylid meddwl, ifanc, canol oed a hen. Ag os fedar y papur hybu ysgrifennu Cymraeg sionc a syml a chywir, fe wna gymwynas fawr i iaith sy'n dirywio'n arswydlon o gyflym o flwyddyn i flwyddyn, diolch i'r ysgolion. A gair i gall, mi lwyddodd y Papurau Bro heb ddisgyn i seler ieithyddol Cymraeg sy'n gymysg â thoreth o Saesneg wedi'i Gymreigio neu ei hanner Gymreigio. Nid Cymraeg Byw chwaith, ond Cymraeg bywiog.

Mi ddymuna i'n dda iawn i *Sulyn*, yr unig bapur newydd Cymraeg, ar wahân i'r Papurau Bro gwyrthiol, a sefydlwyd ers hanner canrif. Hanner can mlynedd i'r mis Rhagfyr yma y crëwyd *Y Cymro* gan ŵr ifanc o'r enw J. T. Jones, John Eilian, un o newyddiadurwyr mwya Cymru. Ychydig tros ddau gant a thrigain o flynyddoedd sydd yna er pan ddechreuwyd argraffu o ddifrif yng Nghymru. Ac yn 1814, blwyddyn cyn Waterloo, y cyhoeddwyd *Seren Gomer*, y papur newydd Cymraeg cyntaf erioed. Pris chwech a dimai, llai na dwy fil o gylchrediad a'r ymgais wreiddiol yn fethiant. Ymhen ugain mlynedd daeth *Cronicl yr Oes*, ac oddeutu'r un cyfnod y cyntaf o bapurau newydd Cymraeg Caernarfon: *Y Papur Newydd Cymraeg*. Fe ddaeth *Yr Amserau* o

Lerpwl, *Y Faner* o Ddinbych, *Yr Herald Cymraeg* a'r *Genedl Gymreig*, a llifeiriant o bapurau o Gaernarfon, a'i gwneud yn brifddinas yr inc. A'r *Herald* yn aros, yr olaf o bapurau mawr lleol Cymru. Yr olaf o ugeiniau.

Traddodiadol briodol, felly, ydi cyhoeddi *Sulyn*, yr antur newyddiadurol fawr ddiweddaraf, yng Nghaernarfon. Hyn oll ar ddyddiau pan mae S4C wrth y drws, a'r teledu gwifrol ar y gorwel. Mae yna fyd newydd, o ryw fath, yn cael ei eni.

FFYNNON FELIN BACH

17 Rhagfyr 1982

Pan oeddwn i'n blentyn, un o anturiaethau mawr bywyd oedd cael mynd unwaith yn y pedwar amser hefo fy nain i Bwllheli ar bnawn Mercher. Rydan ni newydd gofio am y Llyw Olaf a laddwyd saith can mlynedd yn ôl. Wel, fe ddeddfodd Edward y Cyntaf y byddai yna farchnad ym Mhwllheli ar bob dydd Mercher a bob dydd Sul. Does yna ddim marchnad na thafarn ar y Sul ym Mhwllheli heddiw ond y mae yna gybiau di-Saesneg fel fi wedi ymweld â marchnad Pwllheli ar bnawniau Mercher yn ddi-dor am saith can mlynedd. Ac er nad oes yno foch bach mewn troliau na menyn ffres ar fyrddau nac un dim ond stondinau estroniaid ar y maes, mae pobol Llŷn ac Eifionydd yn dal i lenwi strydoedd Pwllheli bob dydd Mercher.

Y prif atyniad yno i mi oedd cael mynd yn achlysurol wrth gynffon fy nain i siop Pollecoffs. Roedd yno bethau llawer mwy diddorol na dillad yn y fan honno. Roedd yna gaban ar ganol y siop a gwifrau yn ymestyn o'r caban i bob cowntar oedd yno. Wedi talu, mi fyddai'r bil a'r arian yn cael eu rhoi mewn cwpan a ffitiai i ryw gylchyn ar ben draw'r wifren, ac mi fyddai'r ferch y tu ôl i'r cowntar yn tynnu rhywbeth tebyca bosibl i tsiaen tŷ bach. Ac mi fyddai'r cwpan yn sglefrio ar hyd y wifren nes cyrraedd y caban hefo bang. Ac mi fyddai'n dod yn ôl hefo'r bil wedi'i arwyddo a'r newid yr un modd. Rhyfeddod o le i hogyn o'r wlad.

Gan deulu Pollecoff bryd hynny roedd y siopau mwya yng Nghaergybi, Bangor a Phwllheli. Jack Pollecoff, perchennog siop Pwllheli, wedi ei fagu yng Nghaergybi, wedi dysgu siarad Cymraeg – er ei fod o'n Iddew pur – yn daclus iawn, os braidd yn wreiddiol, ac wedi hen ymsefydlu ym Mhwllheli. Roedd o'n gryn ffrindiau hefo Cynan ac yn un o brif symbylwyr gosod llechen ar bistyll Felin Bach, milltir gwta o gyrion Pwllheli. Yn ei bryddest 'Mab y Bwthyn' mae Cynan yn sôn am fynd at y pistyll hefo piser ei nain i nôl y dŵr. 'Dŵr o Ffynnon Felin Bach, y dŵr wna'r galon glaf yn iach.' A Pollecoff yn ymffrostio mai fo a awgrymodd ddisgrifio Cynan fel 'un o hogiau'r dre' ar y garreg.

Ac mi gofiodd Cynan am Jack Pollecoff; mi gafodd ei dderbyn yn aelod o'r Orsedd yn Eisteddfod y Barri, ac mi deledwyd sgwrs ddoniol iawn rhyngddo fo a Hywel Gwynfryn wedi'r achlysur hwnnw. Ddechrau'r wythnos mi ffarweliodd Jack â Phwllheli, ac â hyn o fyd. Fe'i cafwyd ym Mangor, gwn wrth ei ochor, wedi ei saethu'n farw.

A hen gyfaill arall wedi ffarwelio ag Eifionydd, William Jones, gŵr tawel anghyhoedd a feistrolodd y cynganeddion yn ei hen ddyddiau a dod yn englynwr penigamp. *Hen* ddyddiau, medda fi. Wel, hyd y diwedd – ac roedd o dros ei bedwar ugain – roedd o'n dal i weithio i'r Eifionydd Farmers ym Mhwllheli. Mynd o Bencaenewydd bob dydd. Mi geisiodd ei orau i ddysgu'r sol-ffa i mi a rhai eraill yr un mor ddiffaith yn ei ddosbarthiadau o flaen yr Ysgol Sul ers talwm. Cofio ei deulu o i gyd. Ei frawd Watcyn, Wac neu Waco, yn dod adre'n ôl o Lundain yn rheolwr ar hufenfa yn Rhydygwystl, lle bu Wil Sam a Robin Williams a Guto Roberts a J. R. Owen (sydd yn America) yn gweithio am bwl, a lle roedd yr englynwr campus hwnnw, y diweddar John Rowlands, yn gyrru'r lorri laeth i lawr y lôn.

Diwedd blwyddyn, ia diwedd oes, diwedd cyfnod. A 'nôl felly am ennyd i'r byd sydd ohoni hi. Hen gyfaill arall yn cael ei ddyrchafu i Dŷ'r Arglwyddi. Faint gostiodd hi mewn gwewyr i'r gwerinwr cymwynasgar yma o Lanegryn dderbyn y cynnig, wn i ddim. Mi fedra i ddychmygu. Ond gan mai Tŷ'r Arglwyddi ydi ail dŷ y Senedd, a chan mai Gwilym Prys Davies fydd gyda'r cyntaf i bleidleisio tros ei ddiddymu o pan ddaw'r cyfle – ac mi ddaw – fedar o wneud dim ond lles yno i Gymru ac i bawb.

Ac i symud i Dŷ'r Cyffredin, mi ges i drafferth fawr i gysoni araith ddiplomataidd Dennis Healey ar bwnc yr arfau niwclear Americanaidd sydd i'w gosod yn y wlad yma, a phenderfyniad clir cynhadledd y Blaid Lafur a ddywedodd yn ddi-floesgni, 'Dim arfau niwclear yma, ac os dôn nhw mi gawn ni wared â nhw'n syth'. Yn esgidiau pwy mae Healey yn sefyll, deudwch, a be ydi enw'r gêm y mae o'n ei chwarae?

STREIC Y GLOWYR

04 Mawrth 1983

Pan ddois at byrth cangen y banc sy'n gwrando, neu *oedd* yn gwrando, yng Nghaernarfon ddydd Gŵyl Dewi, mi feddyliais am funud 'mod i wedi cyrraedd y nefoedd. Sŵn miwsig, sain telynau, nodau hen alawon Cymru'n llond yr awyr. Angel o ferch ifanc, het Gymreig ar ei phen (ond dim adenydd) yn fy nghyfarch ac yn sodro clamp o ddaffodil wrth labed fy nghôt. Holl ferched y sefydliad, llawchwith fel Gwyn Llewelyn am ryw reswm 'rhan fwya ohonyn nhw, â chapan gwyn ar eu pennau, a ffrogiau ('ta peisiau oeddan nhw?) hen ffasiwn ond lliwgar amdanyn nhw. Lwcus i mi gofio mewn pryd am fy *overdraft* cyn i mi golli 'mhen yn lân a dechrau holi ble roedd yr Archangel ei hun! Ond roedd y syniad yn un da, diolch i Gwilym Owen y rheolwr.

Ac mi ddof i yn ôl am eiliad at y daffodil a'r ŵyl wedi i mi, ysywaeth, orfod sôn am rywbeth arall sydd yn y banc – arian, gwreiddyn pob drygioni. I sicrhau'r arian, sydd i sicrhau eu dyfodol, yr aeth glowyr De Cymru ar streic. Ond nid cyflog, am unwaith, ydi asgwrn y gynnen, ond buddsoddiadau yn y diwydiant, ac fel yr awgrymais i wythnos yn ôl, mi allasai'r streic yma wneud i'r streic ddur ymddangos yn ddim ond chwarae plant. Wythnos arall a ddengys.

Mae yna fwy nag un ffordd o edrych ar yr helbul yma, ac mae yna nifer o ystyriaethau gwleidyddol sylfaenol yn y fantol. Gadewch i ni gael cip ar y darlun cyflawn. Mae yna ddeuddeg maes glo ym Mhrydain, sy'n cynhyrchu chwech ugain miliwn o dunelli'r flwyddyn, a hynny ar y funud rhyw ddeng miliwn o dunelli'n fwy na'r galwad. Ac mae yna dros hanner can miliwn o dunelli eisoes wedi eu stocio'n fynyddoedd llonydd. Ym maes glo De Cymru mae yna bron i bum mil ar hugain o lowyr, yr ail nifer mwyaf yn y deuddeg maes. Ac eto dim ond dau faes arall, lle mae llawer iawn llai o lowyr, sy'n cynhyrchu llai o lo na De Cymru, a rhyw fymryn yn llai ydi hynny.

Dim ond dau o'r deuddeg maes glo sy'n gneud proffid, Gogledd Derby a Gogledd Nottingham, ond mae colledion maes glo De Cymru yn aruthrol fwy na cholledion yr un maes arall. Yn wir, yn Ne Cymru mae'r golled ar bob tunnell o lo yn ddeuddeg punt a chweugain a throsodd. Yr ail golled fwyaf yn y meysydd ydi colled o dros bedair punt a chweugain ar bob tunnell a godir yn Sgotland.

A mi osodaf i'r ystadegau fel hyn os leciwch chi. Tasai yna yr un clap o lo yn cael ei godi yn Ne Cymru mi fuasai yna wedyn dair miliwn yn ormod o dunelli'r flwyddyn yn cael eu codi drwy Brydain. Dadl y glowyr ydi y medrid gwneud mwy a gwell defnydd o'u cynnyrch a bod angen buddsoddi helaeth yn Ne Cymru a mannau eraill i ddiogelu'r dyfodol pan allasai glo mewn byd di-betrol fod yn fwy hanfodol. Ac ofn arall ydi y gallasai'r Americanwr, McGregor, ddod yn fôs newydd a gwneud beth wnaeth o i'r diwydiant dur, ei resymoli drwy gau gweithiau colledus a chanoli'r diwydiant lle mae o'n broffidiol. Gallasai hyn olygu yn y diwedd, a dyma gred Tony Benn, er enghraifft, gau pob pwll colledus ac yna gwerthu'r gweddill proffidiol i gwmnïau preifat, gan ddryllio hen freuddwyd y cenedlaetholi a ddaeth yn ffaith cyn troi'n hunllef, gan olygu hefyd ben y daith i faes glo De Cymru.

Efallai fod yna beth synnwyr economaidd yn hyn oll ond mae yna ochor arall i'r geiniog, sef am ba hyd ac i ba raddau y dylasai'r wlad, sef chi a minnau, dalu i gadw'r diwydiant arbennig yma'n fyw? A beth ydi moesoldeb cymdeithasol peidio gwneud hynny? Ai elw ydi popeth? Mae arna i ofn y bydd y dadleuon yna hefo ni yn hir i chwerwi'r dyfodol.

Felly mi a' i yn ôl am funud bach at Ŵyl Ddewi. Mi welwyd dwysáu'r ymgyrch yn erbyn ystadau tai di-alw-amdanynt sydd yn ein prysur ddinistrio ni, problem y bydd yn rhaid i'r awdurdodau lleol ei datrys.

Mater diwylliannol llai, ond nid hollol ddibwys: yr enwau ar strydoedd a stadau sydd yma eisoes, a'r ffyrdd afresymegol o weithredu polisi dwyieithog sydd wedi ychwanegu enwau Saesneg newydd sbon ar lefydd na fu yna erioed ddim ond enwau Cymraeg arnyn nhw.

A fy mhrotest fach innau yn erbyn un parot arall, eto fyth, yn portreadu Lloyd George ar y teli nos Sul fel stalwyn cymdeithas ac nid fel tad y Wladwriaeth Les. Ond diolch am dechneg ac am yr actwyr yn y ffilm ar Glyndŵr, er ei bod yn rhaid i mi gydnabod mai'r ffilm Saesneg syml ar Lywelyn a roddodd fwyaf o foddhad i mi.

RHAGRITH

19 Tachwedd 1983

Roedd hi'n ddydd y cadoediad ddydd Sul – diwrnod i gofio. A dyma *nhw'n* cyrraedd ddydd Llun – diwrnod i'w anghofio. Diwrnod y Crist yn rhagflaenu diwrnod y Cruise. Emynau Saesneg *'O God our help in ages past'* yn rhagymadrodd i gerddi Cruise. Yn yr Amerig? Wel do, un waith, ac anghofiaf i mo'r fordaith am dro chwaith...

Wythnos wedi ei chysegru i ragrith. Eisoes roedd yr uchel-dorïaid wedi gweiddi am waed yr offeiriad Bruce Kent gan iddo alw am gymod gan awgrymu fod yna noddfa hyd yn oed i gomiwnyddion. Ei bechod oedd pregethu efengyl oedd yn cyd-fynd â'r Efengyl, ond nid ag efengyl yr uchel-dorïaid oedd ar eu gliniau o flaen Duw â pheraidd dôn fore Sul, ac yn crochlefain eu cymeradwyaeth brynhawn Llun fel cefnogwyr hwliganaidd tîm pêl-droed Lloegr i'r newyddion da yn y senedd eu bod *nhw* wedi cyrraedd.

Dyletswydd y Cristion felly ydi cymeradwyo polisi'r llywodraeth, boed hwnnw beth bynnag y bo. Mi wnaeth John Williams Brynsiencyn hynny yn ystod y Rhyfel Mawr, a lifrai'r fyddin tros ei goler gron. Fe'i mawrygwyd fel y Gwir Gristion am helpu i droi 'llawer lluniaidd lanc yn llonydd lwch', gan helpu ar yr un pryd i barhaol wagio capeli ei Feistr. Ac os mai heresi a hereticiaid ydi'r broblem ar ddyddiad dathlu pum can mlwyddiant Martin Luther mae yna helfa fawr o flaen yr erlidwyr. Ddywedodd Bruce Kent ddim byd sylweddol wahanol i'r hyn ddatganodd Archesgob Caer-gaint, ond sylweddol llai politicaidd na datganiad ei Gardinal ei hun. Gwaeth na hyn, dyma'r arch-epistol Torïaidd, y

Sunday Telegraph, yn cydnabod nad oes yna bellach fawr bwrpas ym modolaeth NATO am nad oes yna beryg mwyach i Rwsia oresgyn Ewrop am na fedrai mo'i llywodraethu pe bai hi'n gwneud. Mewn mannau fel y Dwyrain Canol mae'r bygythion cyfoes, medd y papur, yr hyn sy'n cydnabod, heb ddweud hynny, mai nonsens gwastraffus ydi'r taflegrau yma a gyrhaeddodd Loegr.

Ac wedi delio hefo'r offeiriad, a'r arch-offeiriad a'r *Telegraph*, mae'r merched eto i'w delio â nhw. Aiff y taflegrau byth o Gomin Greenham, meddan nhw, a chryfhau yn hytrach na gwanhau mae'r brotest fawr. Ond pe penderfynid symud y taflegrau i'w tanio, fe ŵyr y merched na fedren nhw mo'u stopio nhw; fe'u gyrrid tros eu cyrff. A beth wedyn? Yn ôl adroddiad gan y BBC mi fyddai'r nesaf peth i amhosibl symud yr holl drugareddau sy'n gysylltiedig â'r taflegrau yma hyd y ffyrdd troellog o gwmpas y Comin ac yn hollol amhosibl eu symud yn ddirgelaidd. Ychwanegwch y BBC at dargedi y rhai sy'n hela heresïau!

Ac mi ychwanegaf i rywun arall y bydd yn rhaid cadw llygad arni hi, yr Hen Wyddeles ei hun. Wedi busnes Grenada mae hi'n dechrau meddwl ei meddyliau ei hun, a llai o rai Reagan. Mae'n cydnabod ar goedd ei bod hi'n rhaid trafod hefo Rwsia, sy'n gam ymlaen, ac mae hi am fentro taith drwy'r Llen Haearn hefyd. Ac o sôn am yr hen gowboi ac am ragrith, welsoch chi o'n cyrraedd adref o'r wlad sy'n gwybod rhywbeth am fomiau atomig America a'r ddau blentyn bach helbulus yna hefo fo a'i fusus wên-deg? Mor ofalus y trefnodd o fod holl oleuadau'r teledu arnyn nhw i gyd. A bendith ar ben y ddau beth bychan yna, sy'n gymaint mwy lwcus na'r plant a fomiwyd i dragwyddoldeb yn Vietnam.

Un nodyn arall o'r wythnos anesmwyth, gyfoglyd ar adegau, yma. Yr achos cynllwynio maith a chostus a ddirwynodd i ben yng Nghaerdydd. Yr hyn y bu'n rhaid i'r rheithwyr ei benderfynu mewn gwirionedd oedd, pwy oedd yn cynllwynio, y diffynyddion ynteu'r heddlu. Fedrai'r ddwy ochor ddim bod yn dweud y gwir. Does gen i ddim rhagfarn yn erbyn heddlu; roedd fy nhad-yng-nghyfraith yn arolygydd yr heddlu ym Manceinion, a chyda llaw, pan oedd o'n blismon ar wyliadwraeth nos mi ddysgodd awdl Dyfed, 'Iesu o Nasareth', bob gair ar ei gof. Roedd o gyda'r mwyaf unplyg o ddynion. Ond mae yna elfen yn yr heddlu sy'n achosi pryder a diffyg ymddiriedaeth helaeth. Ac mae'r ffordd y cyflwynwyd tystiolaeth mewn achos a gadwodd bobol am fisoedd lawer yn y jêl ar amheuaeth yn unig, yn galw am ymchwiliad manwl iawn ac annibynnol iawn.

Llyfryddiaeth sgyrsiau radio
Dros Fy Sbectol, John Roberts Williams

Dros fy Sbectol, Cyhoeddiadau Mei, 1984.

O Wythnos i Wythnos, Cyhoeddiadau Mei, 1987.

Nos Wener a Bore Sadwrn, Cyhoeddiadau Mei, 1989.

Pum Munud i Chwech – ac i Wyth, Gwasg Gwynedd, 1993.

Mil a Mwy: y pumed detholiad o sgyrsiau *Dros fy Sbectol*, Gwasg Dwyfor, 1996.

Dal i Sbecian Dros fy Sbectol, Gwasg Gwynedd, 1999.

Chwarter Canrif – Fesul Pum Munud, Gwasg Gwynedd, 2001.